Eliane Ettmüller · Isabel Lang
Islamismus

Polizei
Studium
Praxis

SCHRIFTENREIHE

Islamismus

Eine analytische Einführung für Polizei und Sicherheitsbehörden

von Dr. Eliane Ettmüller und Dr. Isabel Lang

VDP | VERLAG DEUTSCHE POLIZEILITERATUR GMBH
Buchvertrieb

Bibliografische Information der Deutschen Nationalbibliothek
Die Deutsche Nationalbibliothek verzeichnet
diese Publikation in der Deutschen Nationalbibliografie;
detaillierte bibliografische Daten sind im Internet über
http://dnb.de abrufbar.

www.vdpolizei.de

1. Auflage 2024

Satz: VDP GMBH Buchvertrieb, Hilden
Druck und Bindung: Plump Druck und Medien GmbH, Rheinbreitbach
Printed in Germany
ISBN 978-3-8011-0932-5

Vorwort

Der Islamismus in Deutschland hat viele Gesichter, die zeigen, dass mehr denn je die Notwendigkeit der intensiven Beschäftigung der Sicherheitsbehörden mit diesem Themenfeld besteht. Deutschland ist seit den 1990er-Jahren nicht nur ein Ruheraum für Islamistinnen und Islamisten, sondern auch eine Operations- und Rekrutierungsbasis sowie spätestens seit dem Jahr 2006 ein Ziel von Anschlägen. Zwischen den Jahren 2016 und 2021 wurden laut Bundesamt für Verfassungsschutz bereits zehn islamistisch motivierte Anschläge verübt. Der schwerste Anschlag, bei dem die meisten Opfer zu beklagen waren, war der Anschlag auf den Weihnachtsmarkt auf dem Berliner Breitscheidplatz am 19.12.2016.

Der deutsche Islamismus ist vielfältig und dynamisch. Er passt sich schnell an neue Entwicklungen an. Durch das Internet, welches u.a. zur Verbreitung von Propaganda und Rekrutierung junger Menschen genutzt wird, ist er weltweit vernetzt. Islamismus äußert sich in Antisemitismus, Entmenschlichung Anders- oder Nichtgläubiger, Frauenfeindlichkeit und der Priorisierung der Scharia über das deutsche Recht. Es handelt sich um ein hochkomplexes Phänomen mit einer langen Geschichte und vielfältigen Gruppierungen.

Dabei ist der Islamismus nicht nur auf Deutschland begrenzt, sondern ein modernes internationales Phänomen. Seine Entstehungsgeschichte reicht zurück ins 18. Jahrhundert. Krisen, Kriege und anderweitige politische Entwicklungen – wie etwa die Machtergreifung der Taliban in Afghanistan – beeinflussen den Islamismus und haben (auch dadurch) Auswirkungen auf die deutsche Sicherheitspolitik.

Im vorliegenden Buch wird zwischen Islam und Islamismus folgendermaßen unterschieden: *Islam* wird als eine der drei großen monotheistischen Weltreligionen verstanden, die je nach Kultur, Schichtzugehörigkeit und persönlicher Religiosität von den Gläubigen weltweit sehr unterschiedlich praktiziert wird. Der *Islamismus* hingegen wird als eine moderne politische Ideologie definiert, die als Extremismus zu verstehen ist und darauf abzielt, die freiheitliche demokratische Grundordnung in Teilen oder gänzlich abzuschaffen.

Die beiden Autorinnen des vorliegenden Buches sind Islamwissenschaftlerinnen und kennen die Bedarfe der Polizeibehörden aus der eigenen Berufspraxis. Im Rahmen ihrer Tätigkeit und der von ihnen durchgeführten Aus- und Fortbildungen ist ihnen deutlich geworden, dass es an Fachliteratur zum Themenbereich Islamismus fehlt. Dies betrifft insbesondere die Art von Fachliteratur, die sich auf den polizeilichen Kontext konzentriert. Das vorliegende

Buch intendiert, hier eine Lücke zu schließen und zudem eine Brücke zwischen Wissenschaft und Praxis zu bauen. Frau Dr. Lang war von Dezember 2019 bis April 2023 für die Polizei Hessen tätig. Frau Dr. Ettmüller steht seit November 2018 im Dienst der Polizei Hessen. Beide Islamwissenschaftlerinnen dozierten bzw. dozieren auch an der Hochschule für öffentliches Management und Sicherheit (HöMS) in der Aus- und Fortbildung der Polizei. Die Arbeit an diesem Buch wurde außerdienstlich im Rahmen einer Nebentätigkeit begonnen und von Frau Dr. Lang auch im Rahmen dieser durchgeführt. Frau Dr. Ettmüller hatte die Möglichkeit, im Rahmen ihrer Forschungstätigkeit an der Forschungsstelle Extremismusresilienz der HöMS weitere Texte für dieses Buch zu verfassen. Die im Buch geäußerte Meinung gibt ausschließlich die der Autorinnen wieder. Die Autorinnen weisen darauf hin, dass alle im Buch enthaltenen Informationen ausschließlich offenen und für alle Personen zugänglichen Quellen entnommen wurden.

Das vorliegende Buch richtet sich gleichermaßen an Leserinnen und Leser aus der Praxis und der Wissenschaft. Zur Zielgruppe des Buches gehören die Polizistinnen und Polizisten der Schutzpolizei und der Kriminalpolizei im Rahmen ihrer beruflichen Tätigkeit und der Fortbildung ebenso wie die Studierenden der Polizei im Rahmen des Studiums. Ferner ist es an die Mitarbeiterinnen und Mitarbeiter anderer Sicherheitsbehörden und der öffentlichen Verwaltung gerichtet, aber auch an Personen im Bildungsbereich und Akteure der Prävention aus den Sicherheitsbehörden und der Zivilgesellschaft. Aufgrund seiner interdisziplinären Orientierung ist es im wissenschaftlichen Bereich für verschiedene Fächer relevant, die von der Islamwissenschaft bis zur Sozialen Arbeit reichen.

Die Autorinnen danken ihren Kolleginnen und Kollegen für die Anregungen und Fragen im Themenfeld Islamismus. Ein besonderer Dank gilt zudem dem Südasienwissenschaftler Herrn Felix Kugele für das kompetente Fachlektorat des vorliegenden Buches. Bei Frau Mojgan Bodenstedt von der Forschungsstelle Extremismusresilienz der HöMS bedanken sich die Autorinnen für die Durchsicht des Literaturverzeichnisses.

Mühlheim/Frankfurt am Main
im Frühjahr 2023

Dr. Eliane Ettmüller/Dr. Isabel Lang

Inhaltsverzeichnis

Abkürzungsverzeichnis

AQAP	al-Qaida on the Arabian Peninsula (al-Qaida auf der Arabischen Halbinsel)
AKP	Adalet ve Kalkınma Partisi (Partei für Gerechtigkeit und Entwicklung)
BAG RelEx	Bundesarbeitsgemeinschaft religiös begründeter Extremismus e.V.
BAMF	Bundesamt für Migration und Flüchtlinge
BKA	Bundeskriminalamt
BfV	Bundesamt für Verfassungsschutz
BMI	Bundesministerium des Innern und für Heimat
BND	Bundesnachrichtendienst
GTAZ	Gemeinsames Terrorabwehrzentrum
GI	Generation Islam
GIA	Groupe Islamique Armé
GIGN	Groupe d'Intervention de la Gendarmerie Nationale (französische Spezialeinheit zur Terrorismusbekämpfung)
GSG 9	Grenzschutzgruppe 9, Spezialeinheit der deutschen Bundespolizei
HAMAS	Harakat al-muqāwama al-islāmiyya (Islamische Widerstandsbewegung); ist ein Akronym, Wort hat auch Eigenbedeutung als „Eifer"/„Begeisterung"
HuT	Hizb ut-Tahrir
IGMG	Islamische Gemeinschaft Millî Görüş
IS/ISIS	Islamischer Staat
KN:IX	Kompetenznetzwerk Islamistischer Extremismus
PKS	Polizeiliche Kriminalstatistik
PMK	Politisch motivierte Kriminalität

RADAR-iTE	Regelbasierte Analyse potenziell destruktiver Täter zur Einschätzung des akuten Risikos – islamistischer Terrorismus
RI	Realität Islam
LfV	Landesamt für Verfassungsschutz
LKA	Landeskriminalamt
SiKO	Sicherheitskonferenz
StPO	Strafprozessordnung
UNO	United Nations Organization (Vereinte Nationen)
UNRWA	United Nations Relief and Works Agency for Palestine Refugees in the Near East (Hilfswerk der Vereinten Nationen für Palästina-Flüchtlinge im Nahen Osten)

1 Einleitung, Aufbau und Zielgruppe des Buches

1.1 Einleitung

Der Islamismus mit seinen unterschiedlichen Ausprägungen stellt eine Gefahr für die innere Sicherheit der Bundesrepublik Deutschland, aber auch weltweit dar. Alleine in Deutschland beziffert das Bundesamt für Verfassungsschutz das islamistische Personenpotenzial im Jahr 2021 mit 28.890 Personen.[1] Auch nach dem fast kompletten Gebietsverlust der terroristischen Vereinigung „Islamischer Staat" (IS) in Syrien und dem Irak besteht dessen Netzwerk weiterhin fort und ruft u.a. online regelmäßig auch in deutscher Sprache zu Anschlägen auf. Seit der Ausrufung eines sogenannten „Kalifats" durch den IS im Jahr 2014 ereigneten sich in Europa mehrere große Anschläge mit Todesfolge: Am 13.11.2015 wurden an fünf unterschiedlichen Orten in Paris – u.a. im Bataclan und beim vollbesetzten Stadion Stade de France – mit Schusswaffen und Sprengstoffwesten 130 Menschen getötet und 683 verletzt. Am französischen Nationalfeiertag acht Monate später erfolgte ein Anschlag in Nizza mittels Lastwagen, der 86 Tote und mehr als 400 Verletzte zurückließ. Nur ein halbes Jahr später brachte Anis Amri einen Sattelzug in seine Gewalt, indem er den Fahrer ermordete, und fuhr damit in die Menschenmenge auf dem Berliner Weihnachtsmarkt, was 12 Menschen das Leben kostete und 170 Personen verletzte. Daneben gab es auch Anschläge von geringerem Umfang wie im Jahr 2021, als ein Mann in einem ICE von Passau nach Nürnberg auf Fahrgäste einstach.

Politische Lagen und Ereignisse in Ländern mit muslimisch geprägter Mehrheitsbevölkerung haben teilweise starke Auswirkungen auf die Entwicklung des Islamismus und damit auch auf die innere Sicherheit in Deutschland und Europa. In den 1950er- und 1960er-Jahren waren es Muslimbrüder wie der Ägypter Said Ramadan, die aufgrund der Verfolgung der Islamistinnen und Islamisten in ihren Herkunftsländern in Europa Zuflucht suchten und ihre Ideologie mitbrachten. Seit Jahrzehnten wird insbesondere der Nahostkonflikt im islamistischen Milieu instrumentalisiert, um Anhängerinnen und Anhänger für die Ideologie und ihre politischen Ziele zu gewinnen. Der ebenfalls seit Jahrzehnten schwelende Bürgerkrieg in Afghanistan hat in nur 25 Jahren zweimal gezeigt, wie schnell eine islamistische Gruppierung – in diesem Fall die Taliban – die Macht ergreifen kann. Afghanistan dient auch seit dem Einfall der Sowjets im Jahr 1979 den Glaubenskämpfern als Land des Krieges, in dem man für seine politische Gesinnung kämpfen und trainieren kann.

1 Bundesamt für Verfassungsschutz, 2021, S. 180.

Der terroristischen Vereinigung „al-Qaida“ diente Afghanistan nicht nur als Wiege, sondern auch als Zufluchtsort. Auch Deutsche haben in Afghanistan trainiert, gekämpft oder sind als Selbstmordattentäter eingesetzt worden.

Der „legalistische“ Islamismus und der Dschihadismus bzw. der „islamistische Terrorismus“ bergen ernstzunehmende Gefahren für Deutschland. Gruppierungen und Personen aus dem islamistischen Spektrum sind weltweit vernetzt und passen ihre Strategien schnell und effizient an die jeweiligen Gegebenheiten an. Es ist daher dringend notwendig, dass die Vertreterinnen und Vertreter der Sicherheitsbehörden über aktuelle Entwicklungen informiert sind und entsprechend entgegenwirken können.

Das vorliegende Buch informiert Sicherheitsbehörden übersichtlich und verständlich. Es führt ein in wichtige Aspekte, wie z.B. die Symbolik und die ideologischen Hintergründe des Islamismus, und gibt Hinweise, die für die Praxis nützlich sind. Dabei kann es sowohl als Ganzes gelesen als auch als Nachschlagewerk genutzt werden, da die einzelnen Kapitel in sich geschlossen sind.

1.2 Der Aufbau des Buches

Das Buch beginnt mit einem Kapitel über Definitionen und Analysemerkmale des Islamismus und thematisiert zunächst die arabische Umschrift im Behördenalltag. In diesem Zusammenhang wird dargestellt, welche unterschiedlichen Schreibweisen ein und desselben Namens existieren, was häufig im behördlichen Umgang mit arabischen Namen und Bezeichnungen auftretenden Missverständnissen vorbeugen soll. Zudem wird in diesem Kapitel nochmals ausdrücklich zwischen dem Islam als Religion und dem Islamismus unterschieden und die grundsätzlichen Definitionen des Islamismus und seiner Unterkategorien erläuternd dargestellt. Ziel dieses Kapitels ist es, die ganz unterschiedlichen Bereiche und die ideologische Vielfalt innerhalb des Islamismus, die vom Legalismus bis zum Dschihadismus reichen, zu verdeutlichen.

Kapitel 3 stellt die wichtigsten Merkmale des Islamismus vor. Neben einer Errichtung eines Kalifats (islamischen Staates) ist dies die Abwertung Andersgläubiger mit einem besonderen Schwerpunkt auf dem Antisemitismus, welchem aufgrund seiner Bedeutung innerhalb des Islamismus ein eigenes Unterkapitel gewidmet wird. Auch die Rolle der Frau und die ihr zugeschriebenen Aufgaben sind charakteristisch für diese Bewegungen. Diese Merkmale dienen der Erkennung und Einordnung wichtiger ideologischer Elemente islamistischer Strömungen.

Kapitel 4 widmet sich charakteristischen äußerlichen Merkmalen, die zentral für die Stärkung islamistischer Gruppenidentität sind. Die behandelten Bereiche sind Flaggen und andere Symbole, Kleidung – sowohl von Männern als auch von Frauen –, Sprache (speziell unter Einbezug zahlreichen arabischen religiösen Vokabulars zur Abgrenzung von und Abwertung Andersgläubiger) und Anaschid, d.h. Hymnen, die im islamistischen Spektrum als Aufruf zum Kampf genutzt werden.

Kapitel 5 widmet sich den vielfältigen und gesamtgesellschaftlichen Gründen für eine Radikalisierung von hauptsächlich jungen Menschen. Dabei werden die teilweise sehr kurzen Radikalisierungsverläufe behandelt und was diese beeinflusst. Ein Schwerpunkt liegt hier auf der Online-Radikalisierung. Allerdings wird auch der Kontext der Person berücksichtigt, der diese vulnerabel für die Ansprache von Extremistinnen und Extremisten macht. Erwähnung finden zudem die verschiedenen Täterprofile und Möglichkeiten der Prävention von religiös begründeter Radikalisierung.

Kapitel 6 beschäftigt sich mit taktischen Vorgehensweisen im dschihadistischen Spektrum. In diesem Kapitel werden die Unterwanderung, Selbstmordattentate, Anschläge mit vielen Toten/Verletzten, „Lone Wolf-Attacks" und Infiltrierung *(Inghimasiun)* vorgestellt.

Kapitel 7 behandelt in einem geschichtlichen Abriss die Entstehung des zeitgenössischen Islamismus mit einem Fokus auf Wahhabismus, Salafismus sowie die Netzwerke der Muslimbruderschaft und der Hizb ut-Tahrir. Der geschichtliche Hintergrund bietet zahlreiche Erkenntnisse, die auch für die heutige Behandlung dieser Bereiche von großer Bedeutung sind.

Kapitel 8 beschäftigt sich mit den verschiedenen islamistischen Strömungen in Deutschland von legalistischen Bereichen bis hin zum Salafismus und Dschihadismus und stellt damit wichtige, in Deutschland aktive Strömungen, Gruppen und Personen vor, die für die Arbeit von Behörden in Deutschland höchst relevant sind. Deutlich wird zudem die hohe Vernetzung dieser Gruppierungen auch über Deutschland und Europa hinaus.

Kapitel 9 widmet sich speziell der Entstehung des zeitgenössischen Dschihadismus. Als Einstiegspunkt wird hier bewusst das Jahr 1979 gewählt. Der Beginn der Problematik ist deutlich früher anzusetzen, als dies etwa in den Medien oftmals dargestellt wird, in deren Fokus der Islamismus häufig erst durch die Anschläge des 11.09.2001 gerückt ist. Dabei werden der Sieg der „islamischen Revolution" im Iran, die Besetzung der Großen Moschee in Mekka und der Einmarsch der Sowjets in Afghanistan thematisiert.

Kapitel 10 befasst sich mit dem Dschihadismus in Deutschland. Thematisiert werden dabei die unterschiedlichen Phasen der Entwicklung des Dschihadismus, beispielhaft anhand der unterschiedlichen Gruppierungen bzw. Personen.

Kapitel 11 behandelt die aktuellen Herausforderungen vonseiten des Islamismus an Polizei und Sicherheitsbehörden. Im Fokus stehen dabei die Online-Aktivitäten von Islamistinnen und Islamisten in den Bereichen Rekrutierung, Informationsaustausch und Vernetzung. Der Islamismus ist weltweit über das Internet und andere Medien stark vernetzt, was ebenfalls neue Anforderungen an Polizei und Sicherheitsbehörden stellt. In Deutschland und anderen westlichen Ländern ist die Rückkehr von Personen (vor allem von Frauen und Kindern) aus dem ehemaligen IS-Gebiet ebenfalls eine wichtige Herausforderung.

Kapitel 12 thematisiert aktuelle Gegenmaßnahmen der Sicherheitsbehörden sowie Präventions- und Deradikalisierungsprogramme. Gerade das Attentat auf dem Breitscheidplatz hat dazu geführt, innerhalb der Sicherheitsbehörden einiges zu überdenken. Es gibt in den verschiedenen Bundesländern zahlreiche Angebote der polizeilichen Prävention. Teilweise werden diese vonseiten der Polizei, vor allem aber in Zusammenarbeit mit zivilgesellschaftlichen Trägern durchgeführt.

Kapitel 13 beschließt das Buch mit einem Fazit und Handlungsempfehlungen zur Optimierung des Vorgehens gegen die Bedrohung der freiheitlichen demokratischen Grundordnung durch den Islamismus.

1.3 Zielgruppe des Buches

Das vorliegende Buch richtet sich an Personen aus Wissenschaft und Praxis. Zunächst zu nennen sind dabei die Polizistinnen und Polizisten der Schutzpolizei im Einsatz auf den Revieren und diejenigen der Kriminalpolizei in den Polizeipräsidien. Für diese soll das Buch praktische Hintergrundinformationen, z.B. mit der Darstellung der Symbole und den Informationen zu Radikalisierungsverläufen, bieten. Darüber hinaus ist es relevant für weitere Polizeibehörden der Bundespolizei, Landespolizei, des Bundeskriminalamts und der Landeskriminalämter. Es ist einsetzbar in der Aus- und Fortbildung der Polizei, d.h. in den Hochschulen und Akademien der Polizei, und dabei geeignet sowohl für Bachelor- als auch für Masterstudierende.

Ferner ist es relevant für:

- Verfassungsschutzbehörden (Verfassungsschutz auf den Ebenen Bund und Länder und für den Militärischen Abschirmdienst)
- Hochschulen und Akademien der Verfassungsschutzbehörden
- Justiz
- Politische Bildung
- Bildung und Kultus
- Schulen (Lehrkräfte, Sozialarbeiter, Elternvertreter, Schulämter)
- Justizvollzugsanstalten
- Regierungspräsidien
- Bezirksregierungen
- Akteure im Bereich der Prävention (sowohl in der Primär- als auch in der Sekundär- und Tertiärprävention)

Im wissenschaftlichen Bereich ist es relevant für die Fächer:

- Islamwissenschaft
- Islamische Theologie
- Politikwissenschaft
- Sozialwissenschaft
- Rechtswissenschaft
- Psychologie
- Soziologie
- Sozialpädagogik
- Soziale Arbeit
- Geschichtswissenschaft

Das umfangreiche Literaturverzeichnis soll zur weiteren eigenen Forschung dienen. Für diese finden sich auch in den einzelnen Kapiteln, u.a. in den Fußnoten, zahlreiche weitere Hinweise.

2 Definitionen und Analysemerkmale von Islamismus

2.1 Arabische Umschrift im Behördenalltag

Im Behördenalltag ist die Polizei (aber auch andere Behörden und Institutionen) beim Umgang mit den Namen von Geschädigten, Zeuginnen und Zeugen oder auch Beschuldigten oftmals mit der arabischen Schrift bzw. der Übertragung arabischer Schriftzeichen in die lateinische Schrift konfrontiert.

Arabisch ist die im Islam prominenteste Sprache, da der Islam seinen Ursprung auf der Arabischen Halbinsel hat und das heilige Buch des Islams, der Koran, auf Arabisch geschrieben ist. Auch in der Religionspraxis ist das Arabische von zentraler Bedeutung und Musliminnen und Muslime erlernen im Kontext religiöser Bildung zumeist auch arabische Worte, Begriffe, Schriftzeichen oder Texte. Zu unterscheiden sind dabei die arabische Sprache und die arabische Schrift. Viele von den Arabern islamisierte Völker haben das arabische Alphabet als Schrift für ihre Sprachen übernommen und es teilweise um weitere Zeichen ergänzt. Dies kann zu weiteren Schwierigkeiten beim Umschreiben führen. Sprachen, die typischerweise in der arabischen Schrift geschrieben werden, sind z.B. Persisch, Paschtu und Urdu.

Beim Arabischen handelt es sich um eine semitische Sprache mit drei Vokalen (a, i und u), zwei Diphthongen (au und ei) und 28 Konsonanten. Die Sprache wird weltweit in 27 Ländern und von ca. 300 Millionen Menschen gesprochen. Es gibt eine hohe Diskrepanz zwischen der geschriebenen arabischen Sprache und den zahlreichen gesprochenen Dialekten. Dies betrifft sowohl die Vokalisierung der Worte als auch Kürzungen, Veränderungen von Konsonanten und Einbezüge von Wörtern anderer Sprachen.

Es gibt unterschiedliche Systeme, um die arabische Sprache ins Deutsche zu übertragen. Dies wird „Umschrift“ oder „Transkription“ genannt. Wissenschaftlerinnen und Wissenschaftler nutzen dafür eine standardisierte Art und Weise, wie z.B. die der Deutschen Morgenländischen Gesellschaft (DMG). Die Art der Umschrift variiert dabei je nach Übertragungssprache und dort genutztem System. Das vorliegende Buch verwendet eine vereinfachte Umschrift der arabischen Termini, die sich an der deutschen Phonetik orientiert.

Im Behördenalltag kann es passieren, dass Namen von Personen in der lateinischen Schrift unterschiedlich wiedergegeben werden, obwohl es sich um dieselbe Person handelt: z.B. Muhammad = Mohamed = Mohammad = Mohammed. Zudem existieren Namensvarianten. Bei dem eben genannten Beispiel sind dies etwa Mahmood, Mahmoud, Mahmud, Mahomet, Mehmood, Mahmad, Mehmoud, Mehmud und Mehmet.

Eine unterschiedliche Wiedergabe des Namens derselben Person geschieht z.B. bei Übersetzungen von Dokumenten aus dem Arabischen in andere Sprachen als das Deutsche. Teilweise werden arabisch sprechende Personen auf deutschen Ämtern nur bedingt verstanden und die durch einen Dialekt geprägte Aussprache des Namens wird übernommen. Zudem unterscheidet sich die Wiedergabe eines arabischen Namens im Türkischen, Persischen, Paschtu etc. von der Wiedergabe des Namens durch einen arabischen Muttersprachler.

In Ländern, die durch ehemalige Kolonialmächte und deren Sprachen geprägt sind, wird die durch diese Sprache geprägte Umschrift übernommen. Nach französischer Phonetik wird dann Muhammad zu Mouhammad und nach englischer wird Walid zu Waleed.

Auf einen Blick:

- Arabisch hat mehr Konsonanten als Deutsch, aber weniger Vokale.
- Auch die im Arabischen gleichen Wörter und Namen werden teilweise unterschiedlich wiedergegeben.

→ Folge: *Derselbe* Name kann in lateinischer Schrift *unterschiedlich geschrieben* werden.

Neben einer unterschiedlichen Wiedergabe von arabischen Schriftzeichen in einer lateinischen Schrift kann es auch vorkommen, dass Personen ein anderer Name gegeben wird, unter dem sie auftreten, oder dass diese sich selbst anders benennen. Dies kann beispielsweise eine Kuniya, ein Ruf- oder Spitzname sein. Die Kuniya besteht aus „Umm" (Mutter) oder „Abu" (Vater) und kann danach den Namen des realen oder erhofften erstgeborenen oder anderweitig wichtigen Kindes enthalten. „Umm Harun" bezeichnet etwa die Mutter Haruns. Harun kann in diesem Fall der Vorname des ältesten Sohnes sein. Die Mutter selbst hat natürlich einen eigenen weiblichen Vornamen, der jedoch in dieser Anrede nicht genutzt wird. Es handelt sich um eine ehrenhafte Anrede, die Respekt gegenüber der Mutter Haruns ausdrücken soll. Ebenso verhält es sich mit der Anrede „Abu Harun". Diese bezeichnet den Vater Haruns, der aber natürlich auch einen eigenen Vornamen hat. Dies gilt selbstverständlich nicht nur für den Vornamen Harun, sondern für alle männlichen Vornamen. Da oft erwartet wird, dass der älteste Sohn seinen ältesten Sohn nach dem Vater benennt, wird der älteste Sohn manchmal bereits scherzhaft mit „Abu" und dann folgendem Namen seines Vaters angeredet.

Mit „Umm“ oder „Abu“ können aber auch Spitznamen gebildet werden, die mit einer Verwandtschaft nichts zu tun haben. „Abu Naddara“ ist z.B. „der Typ mit der Brille“ oder „Abu Dschandal“ „der Kerl mit der Jogginghose“.

Im islamistischen Milieu wird die Kuniya aber auch als ein *Nom de Guerre* (Kampfname) verwendet, wie im Falle des dritten „Kalifen“ des sogenannten „Islamischen Staates“ (IS) Abu al-Hassan al-Haschimi al-Quraischi. Die letzten beiden Namenselemente stellen einen fiktiven Bezug zum Stamm des islamischen Propheten Muhammad her und werden genutzt, um diese Person als Anführer zu legitimieren. Dies ist aus der Sicht der Anhänger des IS notwendig, weil in ihrer Ideologie ein Kalif nur aus dem Stamm des islamischen Propheten Muhammad, der Quraisch, stammen kann. Es handelt sich jedoch nicht um seinen realen Namen. Über die reale Identität der jeweiligen IS-Anführer ist oftmals wenig bekannt.

Manchmal werden einem Namen in der gesprochenen Sprache auch Ehrenbezeichnungen beigefügt, wie z.B. „Hadsch“ bzw. weiblich „Hadscha“ für jemanden, der die Pilgerfahrt absolviert hat, oder eine ältere Person, von der aufgrund ihres Lebensalters davon ausgegangen wird, dass sie bereits nach Mekka gepilgert ist.

Eine Annahme eines anderen Namens ist auch bei weiteren Personen zu beobachten, insbesondere wenn es sich um Konvertitinnen und Konvertiten handelt, die statt ihres christlich geprägten Namens einen „islamischen“ Namen wählen. Vergleichbare Namensänderungen finden sich auch im Christentum, wenn z.B. ein Papst bei Amtsantritt einen geistlichen Namen annimmt oder ein Mönch oder eine Nonne einen anderen (geistlichen Namen) trägt als ihren Geburtsnamen.

2.2 Abgrenzung Islam und Islamismus

Der Islam ist eine Weltreligion mit weltweit ca. 1,9 Milliarden Anhängerinnen und Anhängern. Es handelt sich um eine monotheistische Religion (Glaube an einen Gott), die im 7. Jahrhundert durch einen Propheten namens Muhammad (570–632 n. Chr.) auf der Arabischen Halbinsel begründet wurde.

Hauptmerkmale des Islams:

- Glaube an einen Gott
- Glaube an Muhammad als seinen Propheten (wörtl. Gesandter)
- Glaube daran, dass Muhammad von Gott der Koran offenbart wurde
- Glaube an den Koran als Wort Gottes (Verbalinspiration)

- Anhänger des Islams: männliche Form: Muslim (singular) – Muslime (plural); weibliche Form: Muslimin/Muslima (singular) – Muslimas/Musliminnen (plural)

Die Grundsätze des Islams werden in den sogenannten „Fünf Säulen des Islams" festgehalten:

Glaubensbekenntnis	Gebet	Fasten	Pilgern	Armensteuer
Glaube an einen Gott und Muhammad als Prophet	fünfmal am Tag rituelles Beten	Fasten während des Fastenmonats Ramadan	Pilgerfahrt nach Mekka	zahlen an Bedürftige
DIE FÜNF SÄULEN DES ISLAMS				

Im Glaubensbekenntnis (Arabisch = Schahada) bezeugen Musliminnen und Muslime den Glauben an einen Gott, Allah, und seinen Propheten, Muhammad. Es wird beispielsweise im Gebet gesprochen, taucht beim Gebetsruf auf und bei einer Konversion zum Islam.

Das rituelle Gebet (Arabisch = Sala) beten Musliminnen und Muslime im Idealfall fünfmal am Tag auf einem sauberen Untergrund (meist einem Gebetsteppich) Richtung Mekka, da sich dort das Hauptheiligtum des Islams, die Kaaba, befindet. Dies ist ein quaderförmiges, schwarzes Gebäude. Ein einmal versäumtes Gebet kann nach der Auffassung vieler Gläubiger bis zum Beginn des nächsten Gebets nachgeholt werden. Vor dem Gebet sind bestimmte rituelle Waschungen (Wudu) notwendig.

Im Fastenmonat Ramadan fasten viele Musliminnen und Muslime während des Tages. Dies bedeutet, dass sie zwischen Sonnenauf- und Sonnenuntergang auf Essen, Trinken, Rauchen und Geschlechtsverkehr verzichten. Nicht fasten müssen Alte und Kranke, aber auch schwangere, stillende und menstruierende Frauen. Kinder bis zu einem bestimmten Alter sind ebenfalls vom Fasten ausgenommen. Das Fasten kann nachgeholt bzw. etwas gespendet werden, um versäumtes Fasten abzugelten.

Einmal im Leben sollten eine Muslimin oder ein Muslim, wenn ihnen dies gesundheitlich und finanziell möglich ist, nach Mekka pilgern, d.h. die Pilgerreise (Arabisch = Hadsch) machen. Mekka beherbergt das zentrale Heiligtum aller Musliminnen und Muslime: die Große Moschee mit der Kaaba (Masdschid al-Haram).

Das Zahlen der Armensteuer (Zaka) ist für Musliminnen und Muslime sehr wichtig und erfolgt meist im Zuge des Opferfestes. Es handelt sich dabei um ca. 2,5 % des Vermögens einer Person, das sie nicht unbedingt zum Leben braucht.

Innerhalb des Islams gibt es unterschiedliche Konfessionen. Die beiden größten sind das Sunniten- und Schiitentum. Die Mehrheit der Musliminnen und Muslime weltweit sind Sunnitinnen und Sunniten. Schiitinnen und Schiiten sind überwiegend im Iran, aber auch im Irak vertreten und als regionale Minderheiten in zahlreichen anderen Ländern. Entstanden sind die beiden Konfessionen durch Streitigkeiten um die Nachfolge ihres Propheten Muhammad. Die Schiiten (nach dem Begriff Schiat Ali, d.h. der Partei Alis, benannt), wollten, dass Ali, der Schwiegersohn und Vetter Muhammads, nach dessen Tod sein Nachfolger wird. Die Sunniten entschieden sich für seinen Schwiegervater Abu Bakr. Im Laufe der Zeit entwickelten sich weitere theologische Unterschiede zwischen den Konfessionen, sodass beide Gruppen sich zum Teil stark in ihren religiösen Handlungen unterscheiden.

Neben diesen konfessionellen Grundmerkmalen des Islams gibt es die unterschiedlichsten kulturellen Ausprägungen des Islams und Anpassungen an die jeweiligen historischen und kulturellen Gegebenheiten.

2.3 Musliminnen und Muslime in Deutschland

In Deutschland lebten im Jahr 2019 laut BAMF zwischen 5,3 und 5,6 Millionen Musliminnen und Muslime, d.h. 6,4 bzw. 6,7 % der Gesamtbevölkerung.[2] Die Bevölkerungszahl der Musliminnen und Muslime in Deutschland ist damit seit der letzten Erhebung des BAMF im Jahr 2015 um ca. 900.000 gestiegen, insbesondere durch die starke Einwanderung in den Jahren 2015–2016. Die meisten der Musliminnen und Muslime in Deutschland sind türkischstämmig. Bei Musliminnen und Muslimen aus der Türkei handelt es sich überwiegend um Sunnitinnen und Sunniten, die unterschiedlich religiös sind.

Hierbei ist es wichtig zu betonen, dass diese Statistiken auf Annahmen und Hochrechnungen beruhen. Entgegen der in Deutschland registrierten Mitgliedschaft in der katholischen Kirche oder den evangelischen Landeskirchen gibt es für die Zugehörigkeit zum Islam kaum eine Aufzeichnung, sodass man lediglich annehmen kann, dass die meisten der Menschen mit entsprechendem Migrations- oder Familienhintergrund Muslime sind. Offensichtlich gibt

2 Bundesamt für Migration und Flüchtlinge, 2021.

es unter ihnen aber viele, die sich selbst gar nicht als Musliminnen und Muslime sehen und völlig anderen Überzeugungen anhängen.

Die meisten Musliminnen und Muslime sind oder stammen ab von Arbeitsmigrantinnen und Arbeitsmigranten, die in den 1960er-Jahren im Zuge des „Wirtschaftswunders" eingereist sind. Zunächst war von ihrer Seite und auch vonseiten der BRD ein Aufenthalt von nur wenigen Jahren geplant, aber viele sind heimisch geworden, haben sich niedergelassen und Familien gegründet. Viele haben inzwischen die deutsche Staatsbürgerschaft. Dabei gibt es bestimmte Orte, an denen mehr Musliminnen und Muslime leben als anderswo. Generell ist dies in Westdeutschland der Fall und dort eher in städtischen Ballungsgebieten. Musliminnen und Muslime haben auch (Moschee-)Vereine gegründet, um sich religiös und kulturell zu organisieren.

Wichtige Herkunftsländer von Musliminnen und Muslimen in Deutschland[3]:

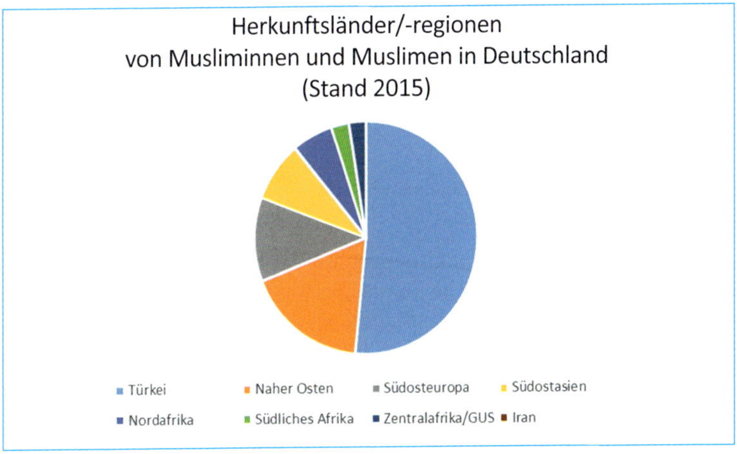

Die allermeisten Musliminnen und Muslime weltweit und in Deutschland sind nicht dem Islamismus zuzurechnen. Es gibt eine große religiöse, kulturelle und sprachliche Vielfalt im Islam. Die große Mehrheit der Musliminnen und Muslime in Deutschland lebt im Einklang mit der freiheitlichen demokratischen Grundordnung. In Deutschland herrscht Religionsfreiheit, welche durch das Grundgesetz garantiert ist und geschützt wird. Islamismus lässt sich als politisch-extremistischer Bereich innerhalb des Islams definieren. Der Islam selbst umfasst ein großes Spektrum unpolitischer und moderater

3 Zahlen vom Bundesministerium des Innern und für Heimat, 2015; Diagramm: Lang.

Überzeugungen. Es gibt insofern Überschneidungen zwischen dem Islam und dem Islamismus, dass die Anhängerinnen und Anhänger des Islamismus sich als Musliminnen oder Muslime betrachten. Zudem nutzt der Islamismus die Religion des Islams, um sich ihrer ideologisch zu bedienen. Es ist jedoch wichtig, zwischen der Religion des Islams und dem Islamismus als Ideologie zu unterscheiden.

Im Folgenden werden die Charakteristika des Islamismus in Grundzügen dargestellt und anhand eines Schaubildes nochmals die Unterschiede zwischen dem Islam und dem Islamismus illustriert. Auf die Ursprünge des Islamismus wird dann im folgenden Kapitel eingegangen.

Der Politikwissenschaftler und Soziologe Armin Pfahl-Traughber nennt folgende Merkmale des Islamismus:[4]

- die Absolutsetzung des Islams als Lebens- und Staatsordnung
- der Vorrang der Gottes- vor der Volkssouveränität als Legitimationsbasis
- die angestrebte vollkommene Durchdringung und Steuerung der Gesellschaft
- die Forderung nach einer homogenen und identitären Sozialordnung im Namen des Islams
- die Frontstellung gegen die Normen und Regeln des modernen demokratischen Verfassungsstaates.

Die von Armin Pfahl-Traughber genannten Punkte machen deutlich, dass der Islamismus die freiheitliche demokratische Grundordnung ablehnt. Der Islamismus strebt eine Gesellschaftsordnung an, die sich allein an islamischen Grundsätzen orientiert. Es handelt sich dabei um eine Form der Theokratie (der Herrschaft Gottes) mit einem Kalifen als Staatsführer (siehe hierzu Kapitel 3.1 Ziel der Errichtung eines Kalifats). Als Gesetzesordnung wird die sogenannte „Scharia" als Gesetz göttlichen Ursprungs in der Interpretation der jeweiligen Gruppierung herangezogen. In einer solchen Gesellschaft gibt es keine Gleichberechtigung von Männern und Frauen (siehe hierzu Kapitel 3.4 Rolle der Frau) und keinen Schutz für Minderheiten (siehe hierzu Kapitel 3.2 Abwertung Andersgläubiger und Kapitel 3.3 Antisemitismus) bzw. werden diese aktiv verfolgt und unter Umständen auch getötet. Dies betrifft religiöse Minderheiten, aber auch z.B. Personen der LGBTQAI+-Community. Islamistische Gruppierungen treten in einer großen Vielfalt auf. Zudem unterscheiden sie sich z.B. dadurch, ob sie die Anwendung von Gewalt zur Verwirklichung ihrer Ziele befürworten oder ablehnen.

---

4 Pfahl-Traughber, 2011.

EXKURS: Die Scharia

Der Begriff Scharia stammt aus dem Arabischen und bedeutet „der Weg zur Tränke". Die Scharia bezeichnet das religiöse Gesetz im Islam. Es gibt nicht die eine Scharia in Form eines Gesetzbuches, sondern sie umfasst alle Gesetze und Normen, die aus dem Koran und der Sunna (Aussagen und Taten des islamischen Propheten Muhammad) abgeleitet werden. Im Laufe der Zeit wurden Texte durch Rechtsgelehrte unterschiedlich ausgelegt und an die jeweilige Situation angepasst. Die Scharia ist also ein hochkomplexes Gesetzes- und Normensystem. In den jeweiligen Zeiten gab es zudem auch immer unterschiedliche Auslegungen, z.B. auch den Einbezug unterschiedlicher Texte und des regionalen Gewohnheitsrechts. Dies ist auch heute der Fall. Auch wenn verschiedene Gruppen die Etablierung der Scharia fordern oder ein Land laut eigenen Angaben die Scharia anwendet, kann dies hinsichtlich der Gesetzgebung und Umsetzung stark variieren. Die meisten islamisch geprägten Länder nutzen heute eine Mischung zwischen einem laizistischen Rechtssystem und einem islamisch geprägten Ehe- und Familienrecht.

Oben wurde bereits darauf hingewiesen, dass die Mehrheit der Musliminnen und Muslime nicht dem Islamismus zuzurechnen ist. Dieser nutzt den Islam jedoch als ideologische Grundlage. Das folgende Schema stellt nochmals die grundlegenden Unterschiede zwischen Islam und Islamismus dar.

Auf einen Blick:

ISLAM

- eine monotheistische Religion
- große Vielfalt mit unterschiedlichen Konfessionen
- weltweit viele Anhänger
- Anhänger des Islams: männliche Form: Muslim (Sg.) – Muslime (Pl.); weibliche Form: Muslimin/Muslima (Sg.) – Muslimas/Musliminnen (Pl.)

ISLAMISMUS

- streben eine Unterordnung von Politik, Wirtschaft, Recht und Gesellschaft unter die Religion an
- unterscheiden sich in der genauen Umsetzung dieses Ziels und der Mittel, d.h. ob Gewalt angewandt werden darf oder nicht
- Anhänger: männliche Form: Islamist (Sg.) – Islamisten (Pl.); weibliche Form: Islamistin (Sg.) – Islamistinnen

2.4 Islamismus/politischer Islam

Der Begriff Islamismus dient als Sammelbezeichnung für eine große Vielfalt an politischen Ideologien, Bewegungen und Gruppierungen. Auch wenn der Islamismus sehr heterogen ist, so ist allen islamistischen Gruppierungen Folgendes gemeinsam: Es geht ihnen darum, dass der Islam als Religion für sie keine reine Privatsache ist, sondern den kompletten gesellschaftlichen Raum durchdringt. Damit wenden sie sich gegen die freiheitliche demokratische Grundordnung. Sie streben eine Etablierung des islamischen Rechts (der Scharia; siehe Exkurs „Die Scharia" in Kapitel 2.3) nach ihrer Interpretation für die Gesamtgesellschaft an. Deutschlandweit ist das Personenpotenzial im Bereich Islamismus/Islamistischer Terrorismus im Jahr 2020 laut dem Bundesamt für Verfassungsschutz um 2,5 % gegenüber dem Jahr 2019 gestiegen. Derzeit werden diesem Personenkreis 28.715 Personen zugerechnet.[5]

Der Islamismus ist eine ideologische Bewegung, die größtenteils erst in der modernen Zeit entstand. Im 18. und 19. Jahrhundert war die islamische Welt im technologischen, wissenschaftlichen und militärischen Bereich zunehmend den europäischen Ländern unterlegen. Gebiete mit muslimischer Mehrheitsbevölkerung wurden von europäischen Kolonialmächten erobert und beherrscht. Die islamisch geprägte Welt verlor an geopolitischer Bedeutung. Der Islamismus entstand u.a. infolge der Auseinandersetzung mit dieser modernen Gegebenheit. Er ist also ein Phänomen innerhalb der neueren Geschichte des Islams.

Muslimische Denker wie Dschamal al-Din al-Afghani (1837–1897), Raschid Rida (1849–1905) und Muhammad Abduh (1865–1935) stellten sich die Frage, wie es dazu kam, dass die westliche Welt der islamisch geprägten Welt in den genannten Bereichen überlegen wurde. Als Antwort auf den Fortschritt des Westens wurde eine Rückbesinnung auf den Islam bzw. die islamische Frühzeit propagiert und die „frommen Altvorderen", d.h. al-Salaf al-Salih, idealisiert. Aus der arabischen Bezeichnung der „frommen Altvorderen" entwickelte sich auch die Bezeichnung der Anhänger dieser Strömung als „Salafisten". Unterschieden wird zwischen der modernistischen Schule der Jahrhundertwende, die auch dem liberalen islamischen Denken den Weg geebnet hat, und dem zeitgenössischen neofundamentalistischen Salafismus, der zum Extremismus und Dschihadismus führte. Der Bereich des Salafismus ist wie der Bereich des Islamismus allgemein hochkomplex und in unterschiedliche Gruppierungen ausdifferenziert. Berücksichtigt werden müssen hier etwa auch Bezüge zu dem in Saudi-Arabien herrschenden ultrakonservativen Wahhabismus. Den Islam als Grundlage einer idealen Gesellschaft sehen auch die

5 Bundesamt für Verfassungsschutz, 2020, S. 196 f.

von Hassan al-Banna (1906–1949) in Ägypten gegründeten Muslimbrüder an, welche sich mit der Wiederherstellung der religiösen Werte und Dogmen gegen die britische Kolonialherrschaft wandten. In Deutschland sind die Muslimbrüder heute dem legalistischen Islamismus zuzuordnen. Der legalistische Islamismus bezeichnet Strömungen, die im Rahmen der Rechtsordnung und ohne Gewalt eine Änderung der Gesellschaft anstreben (eine ausführliche Darstellung der Entwicklung der historischen Strömungen des Islamismus findet sich in Kapitel 7.).

Auf einen Blick:

Der Islamismus ist u.a. eine Reaktion auf moderne Entwicklungen im Westen im 18./19. Jahrhundert.

Islamisten wollen, dass der Islam alle Bereiche des Lebens durchdringt, d.h. Politik, Wirtschaft, Recht und die komplette Gesellschaft.

Unterschiede zwischen den verschiedenen islamistischen Gruppierungen gibt es hinsichtlich der Art und Weise, wie Religion in Einklang mit diesen Bereich gebracht und wie dies durchgesetzt werden soll, d.h. mit Gewalt oder ohne.

In Deutschland gibt es laut BfV 28.715 Personen (Stand 2020), die dem Bereich Islamismus/Islamistischer Terrorismus zugeordnet werden.

Trotz gemeinsamer ideologischer Ursprünge und dem gemeinsamen Ziel, eine islamisch geprägte Gesellschaftsordnung zu errichten, gibt es einige Unterschiede zwischen den Gruppierungen. Islamisten unterscheiden sich vor allem darin, wie genau sich die Etablierung einer islamischen Ordnung gestalten soll und auf welchem Weg, d.h. ob und gegen wen Gewalt angewandt werden darf (und auch Straftaten akzeptabel sind), um diese Ziele durchzusetzen. Dabei gibt es Gruppierungen, die zur Verwirklichung ihrer Ziele Gewalt anwenden und Straftaten begehen, und solche, die sich im legalistischen Bereich bewegen und anstreben, ihre Ziele im Rahmen der geltenden Gesetze zu verwirklichen. Auch legalistische Musliminnen und Muslime sind in Deutschland aktiv. Dem legalistischen Bereich zugeordnet werden in Deutschland etwa die Muslimbrüder und Millî Görüş.

Ferner unterscheiden sie sich danach, ob sie regional oder global ausgerichtet sind, nach Konfession (sunnitisch oder schiitisch), nach sprachlicher oder kultureller Prägung und danach, ob sie moderne Elemente komplett ablehnen oder moderne Lebensweise und Islam miteinander verbinden.

Auf einen Blick:

GEMEINSAMKEITEN ALLER ISLAMISTISCHEN GRUPPEN	UNTERSCHIEDE ZWISCHEN EINZELNEN ISLAMISTISCHEN GRUPPEN
• streben Kalifat und Etablierung der Scharia an • Religion ist keine Privatsache, sondern soll Politik, Recht, Wirtschaft und kompletten gesellschaftlichen Raum bestimmen • gegen die freiheitliche demokratische Grundordnung gerichtet • bestimmte ideologische Inhalte wie Antisemitismus, ein bestimmtes Bild der Frau, Homophobie etc.	• die Art und Weise der Etablierung einer islamischen Ordnung: mit Gewalt oder ohne • Konfession (sunnitisch oder schiitisch) • regional oder überregional • sprachliche und kulturelle Prägung • die Frage, ob man moderne Elemente nutzen darf oder nicht

3 Ideologische Merkmale des Islamismus

3.1 Ziel der Errichtung eines Kalifats (Ablehnung der freiheitlichen demokratischen Grundordnung)

Islamistische Bewegungen streben in der Regel die Umgestaltung der gesellschaftlichen, politischen und rechtlichen Ordnungen an. Als Ziel dieser Umgestaltungsprozesse soll ein „islamischer Staat" – auch „Kalifat" genannt – geschaffen werden, den allein ein Regelwerk göttlichen Ursprungs verwaltet und der nicht von menschengemachten Gesetzen beherrscht wird. Die tatsächliche Form und Gestalt eines solchen politischen Konstrukts kann je nach Bewegung unterschiedlich definiert werden. Der iranische Theologe Ayatollah Chomeini beschrieb im Jahr 1971 seine Vorstellung eines islamischen Staates in der Abhandlung zur „Regierung des Rechtsgelehrten" (Persisch: Wilayat-e Faqih).[6] Nach dem Sieg der sogenannten „islamischen Revolution" im Dezember des Jahres 1979 wurde daraus eine Verfassung für die „Islamische Republik Iran" mit ihm als oberster „Führer" erstellt. Diese Verfassung, die wenig Gewaltenteilung, Freiheiten oder gar Menschenrechte anerkennt, gilt mit kleinen unbedeutenden Änderungen bis heute im Iran.

6 Ruhollah Chomeini, 1983.

In der sunnitischen islamischen Welt wird gelegentlich in der Konstituierung der jungen muslimischen Gemeinde in Medina (damals Yathrib genannt) im 7. Jahrhundert die Erstellung einer Art „Urverfassung“ der muslimischen Weltgemeinschaft gesehen. Nach dem Tod des Propheten Muhammad sollte ein Statthalter (Kalif) die muslimische Gemeinde weiter anführen. Viele Glaubensrichtungen des sunnitischen Islams sehen eine Kontinuität in der religiösen und politischen Führung durch einen Kalifen vom Propheten Muhammad bis zum letzten osmanischen Sultan Mehmed VI. bzw. dessen Vetter Abdülmecid II. Am 03.03.1924 schaffte die durch den säkular-nationalistischen Mustafa Kemal Atatürk beherrschte türkische Nationalversammlung das Kalifat offiziell ab. Seither gibt es für die religiöse Führung der sunnitischen Musliminnen und Muslime keine allgemein anerkannte Institution.

Islamistische Bewegungen wollen diese Situation ändern und die terroristische Vereinigung IS war darin so erfolgreich, dass sie am 29.06.2014 nach der Eroberung von Mosul – der zweitgrößten Stadt des Iraks – ein Kalifat ausrief. Sofort wurde von der Vereinigung verkündet, dass nun alle Musliminnen und Muslime dazu aufgefordert seien, die Gebiete des Unglaubens zu verlassen und in das restaurierte Kalifat auszuwandern:

> „Der Staat, ist der Staat für alle Muslime. Das Land für die Muslime, alle Muslime. O Muslime allerorts, wer auch immer in der Lage ist die Hijrah zum islamischen Staat zu machen, so lasst ihn es tun, weil Hijrah zum Land des Islam Pflicht ist.“[7]

Später wurde vom IS wiederholt darauf hingewiesen, dass diese Pflicht so unumgänglich sei, dass man im „Land des Unglaubens“ (d.h. nach ihrer Ideologie alle Gebiete außerhalb des IS) nur deshalb verweilen könne, um vor Ort dem Dschihad zu dienen, d.h. Spenden zu sammeln für die terroristische Vereinigung oder selbst ein Attentat zu begehen. Anderenfalls würde man vom Glauben abfallen und müsste dafür selbst hingerichtet werden.

Etwas weniger kompromisslos zeigen sich bislang andere islamistische Organisationen wie die Muslimbruderschaft oder die aus ihr hervorgegangene und in Deutschland seit dem 10.01.2003 verbotene Vereinigung Hizb ut-Tahrir (HuT)[8], wobei beide dennoch unmissverständlich die Erstellung eines islamischen Staates bzw. Kalifats anstreben. HuT schreibt in ihrem Text mit dem Titel „Das Kalifat“:

---

7 Ohne Autorenangabe, „Ein Ruf zu Hijrah“, 1435/2014, S. 11.

8 Die Bekanntmachung des Bundesinnenministeriums verlautbarte, dass die Tätigkeit der „Hizb ut-Tahrir“ sich gegen den Gedanken der Völkerverständigung richte und dass sie Gewaltanwendung als Mittel zur Durchsetzung politischer Belange befürworte und eine derartige Gewaltanwendung hervorrufen solle.

> „Die Aufstellung eines Kalifen ist eine Pflicht für alle Muslime in allen Teilen dieser Erde. Und die Erfüllung dieser Pflicht – gleich der Erfüllung jeder anderen Pflicht, die Allah den Muslimen vorgeschrieben hat – ist eine unabdingbare Aufgabe, bei der man keine Wahl hat und die keinesfalls vernachlässigt werden darf. Jede Vernachlässigung in der Erfüllung dieser Pflicht stellt eine der größten Sünden dar, die Allah aufs Härteste bestrafen wird.“[9]

Als Belege dafür, dass alle Musliminnen und Muslime dazu verpflichtet seien, einen Kalifen aufzustellen, nennt HuT den Koran, die Sunna und den Konsens der Prophetengefährten. Gemäß dieser Schrift von HuT darf es auch nur einen Kalifen auf der Welt geben.[10]

Im letzten Kapitel des Textes der HuT wird dann die Einzigartigkeit des Kalifats hervorgehoben und behauptet, dass man es nicht mit dem Maßstab der Demokratie messen könne.[11] Das Regierungssystem des Islams sei völlig anders als alle anderen Herrschaftssysteme, weil es die Gesetzgebung komplett von Allah beziehe, und weder vom Volk noch von einem Individuum gemacht worden sei. Gemäß der Auffassung der HuT müssen alle Musliminnen und Muslime einem Kalifen die Treue schwören (Baya), was wiederum mit einem Ausspruch des Propheten (Hadith[12]) begründet wird, welcher gesagt haben soll, dass jeder, der dahinscheide, ohne einen Treueid geleistet zu haben, einen Tod wie im vorislamischen Zeitalter (Dschahiliya) – d.h. als Ungläubiger – stürbe und dafür in die Hölle komme, wo dauerhaft ewig währende Qualen zu erwarten sind. Diesem obligatorischen, universellen und von Gott gewollten Alleinherrscher – der nur ein Mann sein kann – wird gemäß HuT im Kalifat absoluter Gehorsam geschuldet, außer wenn er selbst gegen das Gesetz Gottes verstößt, wobei auch darin der Spielraum für die Umma (Glaubensgemeinschaft der Musliminnen und Muslime) überraschend klein gehalten wird:

> „Hat jedoch der Kalif, d.h. das Oberhaupt des Islamischen Staates, sich eine Rechtsmeinung angeeignet, gilt die von ihm übernommene Meinung als das einzig zu vollziehende Gesetz.“[13]

---

9 Hizb ut-Tahrir, 1438/2017, S. 5.

10 Ebenda, S. 51.

11 Ebenda, S. 83.

12 Unter „Hadith“ wird im sunnitischen Islam eine Anweisung, ein Urteil oder eine Religionsinterpretation des Propheten Muhammad verstanden. Hadithe sind neben dem Koran die zweitwichtigste Religionsquelle. Die schiitische Glaubensgemeinschaft kennt neben den Hadithen des Propheten Muhammad auch noch Hadithe ihrer Imame.

13 Hizb ut-Tahrir, 1438/2017, S. 85.

Die islamische Herrschaft kenne keine unterschiedlichen Staatsformen, ergänzt die HuT. Für ein solches Einheitssystem müsse gekämpft werden.[14] Die Ideen des Islams stünden den demokratischen Ideen „diametral entgegen".[15]

Die Schrift zu den Kalifatsvorstellungen der HuT wird hier als Beispiel genommen, um zu vergegenwärtigen, wofür sich Islamistinnen und Islamisten stark machen. Während man sich im Streit über theologische Feinheiten unter Umständen sogar komplett trennt und mit Waffen bekämpft, ist das grundlegendste Ziel bei allen gleich:

Ein politisches und gesellschaftliches System (islamischer Staat/Kalifat) soll etabliert werden, das auf dem islamischen Recht (Scharia) basiert.

Dieses Recht wird aufgrund seines göttlichen Ursprungs als absolut gerecht und sozial angepriesen im Gegensatz zu allen anderen menschengemachten Systemen. Gemäß dieser Logik muss aufgrund der Fehlbarkeit und Verführbarkeit des Menschen ein von ihm errichtetes System ebenfalls anfällig für Missmanagement und Korruption sein. Gott hingegen habe für seine von ihm geschaffenen Kreaturen auch das perfekte, ihnen entsprechende System geschaffen. Es müsse nur angewendet werden, um den Menschen den ihnen zugedachten Auftrag – die stetige Verehrung Gottes – zu ermöglichen.

In diesem Kontext wird deshalb die Demokratie häufig explizit als korruptes System abgelehnt. Dabei wird einerseits auf die autoritären staatlichen Strukturen in vielen muslimischen Ländern hingewiesen, die von sich selbst behaupten, demokratisch organisiert zu sein, und auch regelmäßig Wahlen abhalten, bei denen die autoritären Herrscher bis zu 99,99 % der Stimmen erzielen. Andererseits wird die Demokratie als eine Art Ersatz- oder Gegenreligion[16] verurteilt, die mit dem Islam nicht vereinbar sei, weil darin Gesetze Anwendung finden, die Menschen erfunden hätten, und die der perfekten Rechtsprechung Gottes entgegenstünden. Das Erlassen von Gesetzen wird per se als Gotteslästerung empfunden, weil Gott der alleinige Gesetzgeber sein müsse. Einige Islamistinnen und Islamisten verbieten deshalb ihrer Anhängerschaft, sich an Wahlen zu beteiligen, weil sie sich damit an einem politischen Prozess beteiligen würden, der nicht religionskonform bzw. mit einer Art Ritual einer polytheistischen Religion vergleichbar sei.

14 Ebenda, S. 87.

15 Ebenda, S. 88.

16 Al-Maqdisi, 1993. Der Zeitpunkt der Publikation wurde im Text nicht festgehalten. Joas Wagemakers erklärt, dass sie aufgrund des Inhalts aber im Jahr 1993 im Zusammenhang mit den Parlamentswahlen in Jordanien veröffentlicht worden sein muss. Vgl. Wagemakers, 2012, S. 205.

Der Islam wird aus islamistischer Sicht als praktische Religion verstanden, die sämtliche Bereiche des Lebens beeinflusst.[17] Deshalb ist es aus dieser Perspektive auch unerlässlich, einen islamischen Staat zu schaffen, der den Menschen die Möglichkeit bietet, ihren religiösen Pflichten vollumfänglich nachzukommen. HuT stellt die Errichtung eines Kalifats sogar als Pflicht einer jeden gläubigen Person dar, die gleichwertig sei mit der Erfüllung jeder anderen Pflicht, d.h. mit jeder anderen Säule des Islams (Beten, Fasten usw.). Damit gibt die Organisation indirekt zu verstehen, dass jede Person, die sich nicht aktiv um die Etablierung eines islamischen Staates bemüht, kein richtiger Muslim oder keine richtige Muslimin sein könne und damit auch mit der ewigen Strafe des Höllenfeuers rechnen müsse. In einem geheimen Treffen von IS-Anhängerinnen im Osten von London erklärte Umm L., dass es unmöglich für einen Muslim oder eine Muslimin sei, sich den britischen Gesetzen oder der Demokratie zu unterwerfen, weil bereits das Glaubensbekenntnis „es gibt keinen Gott außer Gott" beinhalte, dass man alle anderen Regulierungen und Gesetze ablehnen müsse.[18]

Auf einen Blick:

Islamistinnen und Islamisten lehnen die freiheitliche demokratische Grundordnung als ein von Menschen gemachtes parareligiöses System ab, welches dem aus ihrer Perspektive „wahren" Islam entgegensteht. Sie streben die Etablierung eines einzigen weltweiten islamischen Staates an, der von einem männlichen Herrscher, der gleichzeitig als weltliches und als religiöses Oberhaupt fungiert, in einer autoritären Form unter Einhaltung islamischer Gesetze (Scharia) geführt wird.

17 Siehe z.B. ein Zitat aus einem Text zur Geschichte der Muslimbruderschaft von der offiziellen englischsprachigen Webseite der Muslimbruderschaft: „It was surprising at the time that a religious organization took interest in building factories, because it was a general tendency among people to separate religion from worldly affairs. The MB, however, surprised everyone with its correct understanding of Islam as a comprehensive system that encompasses all aspects of life." Ikhwanweb, 2007.

18 Real Stories, 2016.

Maktaba al-Himma [IS], Rumiyah, Nr. 2, Muharram 1438 [Oktober 2016], S. 3.

3.2 Abwertung Andersgläubiger

Im Gegensatz zum Rechtsextremismus wendet sich der Islamismus in der Regel nicht gegen *ethnisch andere* oder als *ethnisch anders gelesene* Menschen. Hier ist er sogar oft sehr inklusiv – ganz im Sinne einer globalen Gemeinschaft der Muslime, der Umma. So verkündete Abu Bakr al-Baghdadi, der verstorbene Anführer des IS in seiner ersten Rede zur Kalifatsgründung:

> „Es ist ein Staat, wo die Araber und Nicht-Araber, der Weiße und der Schwarze, der Ostländer und der Westländer alle Brüder sind. Es ist eine Khilafah [Kalifat], welche die Kaukasier, Inder, Chinesen, Levantiner, Iraker, Jemeniten, Ägypter, Nordafrikaner, Amerikaner, Franzosen, Deutsche und Australier sammelt. Allah brachte ihre Herzen zusammen und durch seine Gnade wurden sie Brüder, sie lieben sich für Allah, stehen in einem Schützengraben, verteidigen und beschützen sich gegenseitig und opfern sich für einander."[19]

Gruppenbezogene Menschenfeindlichkeit im Islamismus ist bezogen auf *andersgläubige* Personen, insbesondere auch Jüdinnen und Juden, was aufgrund der Bedeutung des Antisemitismus im Islamismus in einem eigenen Unterkapitel behandelt wird (siehe Kapitel 3.3).

Begründet wird die Abwertung Andersgläubiger u.a. damit, dass Musliminnen und Muslime diesbezüglich dem Koran und der Tradition Muhammads folgten. Der Islam entstand religionsgeschichtlich gesehen in einem Kontext auf der Arabischen Halbinsel, in dem es das Juden- und Christentum und zudem eine polytheistische Götterverehrung (Polytheismus = der Glaube an viele Gottheiten) gab. Die Familie Muhammads selbst war polytheistisch und die Kaaba in Mekka ein polytheistisches Heiligtum, zu dem bereits in vorislamischer Zeit gepilgert wurde. Daneben werden u.a. im Koran auch nichtjüdische und nichtchristliche Monotheisten (Monotheismus = Glaube an einen Gott) genannt, die als „Hanifen" bezeichnet werden. In seinen Texten und in seiner Auslegung wird eine große Nähe des Korans zum Juden- und Christentum deutlich, da sich z.B. viele ähnliche Erzählungen finden. Zudem sieht sich Muhammad in einer Tradition stehend mit Abraham, Moses und Jesus, d.h., er glaubt, seine Botschaft habe dieselben Inhalte.

Die Religionszugehörigkeit der damals auf der Arabischen Halbinsel lebenden Menschen war familiär bzw. durch die Entscheidung der Stammesführer bestimmt. Eine individuelle Entscheidung für oder gegen eine Religion in unserem heutigen Sinne gab es nicht. Zudem waren Religion und Politik eng verknüpft. Ein Religionswechsel eines Stammes stellte z.B. immer auch eine

19 Ohne Autorenangabe, „Ein Ruf zur Hijrah", 1435/2014, S. 7.

politische Entscheidung dar. Menschen, die individuell ihre Religion änderten und sich als Individuen dem Islam anschlossen, mussten mit einer Ausgrenzung aus ihrem Stammesgefüge rechnen.

Im Koran werden das Juden- und Christentum ambivalent betrachtet und dies zieht sich auch durch die gemeinsame Geschichte dieser drei Religionen. Es gibt Verse, die sich positiv, und solche, die sich eher negativ äußern, was auch durch den jeweiligen religiös-kulturellen Kontext und aktuelle zeitgeschichtliche Entwicklungen bedingt war. Im Laufe der islamischen Geschichte gab es Zeiten des besseren und auch des schlechteren Verhältnisses zu Jüdinnen und Juden sowie Christinnen und Christen. Dies war auch durch die jeweiligen Herrscher und ihre Einstellungen begründet. Hier sind auch viele religiös sehr offene Musliminnen und Muslime zu bedenken, die mit ihrer Toleranz dem Europa früherer Zeit weit voraus waren, was nicht zuletzt am wissenschaftlichen Fortschritt der islamischen Welt im Mittelalter klar erkennbar ist. Während Galileo Galilei sich noch im Jahr 1632 für seine Kritik am geozentrischen Weltbild vor einem Inquisitionsgericht der katholischen Kirche verantworten musste, erfand bereits im 10. Jahrhundert der persische Wissenschaftler al-Biruni ein Astrolabium, mit dem er die Bewegungen der Erde berechnen konnte.

Nach gängigem islamischem Verständnis sind Ungläubige (Sg. Kafir, Pl. Kuffar und Kafirun von Unglaube = Kufr) Menschen, die Allah, Muhammad als Prophet oder auch den Koran als Offenbarung ablehnen. Der Begriff kann Jüdinnen und Juden sowie Christinnen und Christen bezeichnen, aber er kann auch auf andere, nach Verständnis der jeweiligen Gruppe nichtmuslimische Personen angewandt werden.

Zentral für den Umgang von Islamistinnen und Islamisten mit anderen Religionen ist eine gewisse Kategorisierung im Koran. So werden Jüdinnen und Juden und Christinnen und Christen im Koran als „Schriftbesitzer" („Ahl al-Kitab" = Völker des Buches) betrachtet. Dies bezieht sich auf die Thora für Jüdinnen und Juden (im Koran wird neben der Thora noch der Psalter Davids genannt) und das Evangelium für Christinnen und Christen (das Evangelium kennt der Koran nur im Singular). Ebenso versteht sich auch der Islam selbst als Schriftreligion, da er ein zentrales Buch, den Koran, besitzt. Im Gegensatz zu Religionen ohne Buch steht den Schriftbesitzerinnen und Schriftbesitzern nach klassischem islamischem Recht[20] ein besonderer Schutz zu. So konnten

---

20 Das klassische islamische Recht ist ein hochkomplexes Rechtssystem, welches auf Koran und Sunna basiert und mittels unterschiedlicher Wege zu rechtlichen Entscheidungen kommt. Es ist zudem regional und konfessionell leicht unterschiedlich und kann damit nicht generalisiert werden. Manche Entscheidungen, wie der Schutz der Dhimmis bei Zahlung der Dschiziya, finden weitere Verbreitung als andere (siehe auch die Hinweise zum Thema Scharia in Kapitel 2.3).

sie als Dhimmis (= Schutzbefohlene) in islamischen Gebieten geschützt und mit einer eigenen Gerichtsbarkeit leben. Dies erfolgte jedoch unter Voraussetzung der Zahlung einer Kopfsteuer (der Dschiziya) und sie waren Musliminnen und Muslimen nicht in allen Punkten gleichgestellt. Männliche Muslime können z.B. nach islamischem Recht auch eine Jüdin oder eine Christin heiraten, für Musliminnen ist es nicht möglich, einen Juden oder einen Christen zu heiraten. Der Grund dafür liegt darin, dass die Weitergabe der Religion über den Vater erfolgen soll – dies ist ein Widerspruch zum Judentum, wo diese über die Mutter erfolgt. Nach heutigem deutschem Recht kann die Religion eines Kindes durch die Eltern gewählt werden – und es kann sich später auch individuell entscheiden, welcher Religion es angehören möchte.

Der Aspekt, dass etwa eine muslimische Frau nach dieser klassischen sowie traditionellen Auffassung keinen Andersgläubigen heiraten darf, kann im polizeilichen Kontext etwa beim Thema „Gewalt im Namen der Ehre" und beim Thema „Ehrenmord" auftauchen, wenn die Familie der Frau einen nichtmuslimischen Lebenspartner ablehnt.

Deutlich schlechter als Angehörige der Schriftreligionen sind nach klassisch islamischem Recht Personen, die einer Nichtschriftreligion angehören, gestellt. Dieser Umstand wird von unterschiedlichen islamistischen Vereinigungen genutzt, um Personen, die einer anderen Religion als dem Christentum oder dem Judentum angehören, als „Muschrikun" (Polytheisten; Sg. Muschrik) zu entmenschlichen, zu verfolgen, zu versklaven und zu töten. Die Versklavung von Frauen und Kindern der jesidischen Gemeinschaft im Irak durch den IS im Jahr 2014 wurde damit gerechtfertigt, dass sie keiner Buchreligion und auch keiner monotheistischen Religion angehörten, sondern „den Teufel" anbeteten und „originäre Polytheisten" seien.

> „[...] der Islamische Staat ist mit dieser Gruppe [der jesidischen Gemeinschaft] so vorgegangen, wie die Mehrheit der Fuqaha [Religionsgelehrten] aufzeigte, dass mit Polytheisten vorgegangen werden soll. Nicht wie bei den Juden und Christen, stand die Bezahlung von Dschiziyah im Raum. [...] Nach ihrer Gefangennahme wurden die Jesidi Frauen und Kinder gemäß Scharia an die Kämpfer des Islamischen Staates verteilt [...]."[21]

Die Jesidinnen und Jesiden sind eine kleine endogame dualistische Religion in den kurdisch geprägten Gebieten in der Türkei, Syrien, dem Irak und dem Iran. Da sie nach IS-Ansicht keine Schrift haben und ihnen damit keinerlei Schutzstatus zusteht, wurden sie vom IS versklavt, vertrieben und getötet, hin

21 Ohne Autorenangabe, „The Revival of Slavery before the Hour", 1435/2014, S. 15, Übersetzung: Etttmüller.

zu einem Völkermord.[22] Zur Rechtfertigung ihrer Taten ziehen Islamistinnen und Islamisten regelmäßig Texte aus dem Koran und aus der Prophetenüberlieferung (Hadithe) heran. Ein Koranvers, der regelmäßig zur Abwertung und Tötung Andersgläubiger herangezogen wird – so auch durch den IS in Bezug auf die jesidische Glaubensgemeinschaft[23] – ist der sogenannte „Schwertvers". Er dient auch zur Legitimation des Dschihads:

> „Wenn nun die heiligen Monate abgelaufen sind, dann tötet die Heiden, wo (immer) ihr sie findet, greift sie, umzingelt sie und lauert ihnen überall auf! Wenn sie sich aber bekehren, das Gebet verrichten und die Almosensteuer geben, dann laßt sie ihres Weges ziehen! Gott ist barmherzig und bereit zu vergeben."[24]

Nicht nur von Geburt an andersgläubige Menschen werden im islamistischen Kontext abgewertet und verfolgt, sondern insbesondere auch Atheistinnen und Atheisten bzw. Agnostikerinnen und Agnostiker sowie Konvertitinnen und Konvertiten, die sich vom Islam abwenden und einer anderen Religion oder gar keiner Religion mehr angehören möchten. Der Abfall vom Glauben in Wort und Tat wird nach klassischem islamischem Recht unter spezifischen Umständen mit dem Tod bestraft.[25] Die Bezeichnung für Apostasie im Islam ist Ridda bzw. Irtidad („Abfall" vom Glauben).

Auch andere Musliminnen und Muslime werden von Islamistinnen und Islamisten abgewertet und bedroht, wenn sie aus deren Perspektive nicht den „wahren" Islam vertreten. Davon sind in erster Linie liberale Musliminnen und Muslime betroffen, die die religiösen Quellen in ihrem historischen Kontext interpretieren und für Toleranz werben wie beispielsweise die Juristin Seyran Ateş, die die Ibn Rushd-Goethe Moschee in Berlin gegründet hat, in der Frauen ohne Kopftuch beten, Frauen auch Vorbeterinnen sein können und Gläubige der LGBTQAI+-Community willkommen sind. Seyran Ateş wurde für ihr Engagement für einen liberalen Islam, der komplett mit der freiheitlichen demokratischen Grundordnung im Einklang steht, mit dem Tod bedroht und bewegt sich nur noch mit Personenschutz.[26]

---

22 Wie andere Formen der gruppenbezogenen Menschenfeindlichkeit sind dies oftmals nicht die einzigen Gründe, sondern der IS erhielt dadurch kostenlose Arbeitskräfte, konnte den Jesidinnen und Jesiden ihren Besitz wegnehmen und Gebietsansprüche begründen.

23 Ohne Autorenangabe, „The Revival of Slavery before the Hour", 1435/2014, S. 14.

24 Die Übersetzung stammt von Paret, 2004, S. 132.

25 Rohe, 2009.

26 Sommer, 2021.

Salafistinnen und Salafisten entmenschlichen auch Schiitinnen und Schiiten. Vom IS werden die Schiitinnen und Schiiten gänzlich als „Murtadin", als vom Glauben Abgefallene, bezeichnet.

Manchmal erfolgt durch Islamistinnen und Islamisten auch eine komplette Abwertung aller Musliminnen und Muslime, außer der eigenen, ganz kleinen „idealen" Gruppe. Dies betreiben etwa die Vertreterinnen und Vertreter des Takfirismus, einer salafistisch-dschihadistischen Strömung, der auch der IS angehört.[27] „Takfir" bedeutet, dass eine Person der Apostasie bezichtigt wird. Der „Takfir" kann einer Art Exkommunikation gleichkommen, bei der eine Person unter Umständen – wie z.B. beim IS – zur Tötung freigegeben wird.

3.3 Antisemitismus

Der Hass auf Jüdinnen und Juden ist ein wichtiges Merkmal des islamistischen Extremismus. Der Begriff Antisemitismus selbst und was er umfasst, wird in der Forschung diskutiert. Seit dem Jahr 2020 existiert eine offizielle Definition der Bundesregierung. Diese lautet:

> „Antisemitismus ist eine bestimmte Wahrnehmung von Juden, die sich als Hass gegenüber Juden ausdrücken kann. Der Antisemitismus richtet sich in Wort oder Tat gegen jüdische oder nicht-jüdische Einzelpersonen und/oder deren Eigentum, sowie gegen jüdische Gemeindeinstitutionen oder religiöse Einrichtungen."[28]

Dabei kann islamistischer Antisemitismus, wie auch andere Formen des Antisemitismus, sowohl biologistisch als auch religiös, rassistisch, wirtschaftlich oder nationalistisch argumentieren. Die Gesamtkonzeption antisemitischer Gebilde mutet sowohl im Islamismus wie auch im Rechtsextremismus oder Linksextremismus zumeist verschwörungstheoretisch an. Dabei wird eine Art mächtiger Untergrundorganisation der Jüdinnen und Juden imaginiert, die angeblich zum Nachteil aller anderen die Welt beherrscht.

In der Debatte bezogen auf Antisemitismus im Islamismus, im Islam oder von Musliminnen und Muslimen werden die Bezeichnungen „Islamischer Antisemitismus", „Muslimischer Antisemitismus", „Islamistischer Antisemitismus" oder „Islamisierter Antisemitismus" mit jeweils unterschiedlicher Schwerpunktsetzung verwendet.

Jüdinnen und Juden lebten bereits zu vorislamischer Zeit auf der Arabischen Halbinsel und, wie oben erwähnt, war dies Muhammad bekannt und sie

27 Siehe hierzu Steinberg, 2021.

28 Tagesschau.de, 2020.

finden auch Erwähnung im Koran. Dabei gibt es positive und negative Verse zum Judentum im Koran, wo es u.a. zusammen mit dem Christentum als Buch- und Vorgängerreligion des Islams verstanden wird. Auch die islamische Geschichte mit dem Judentum ist ambivalent.[29] Zum Beispiel soll der Prophet Muhammad nach anfänglicher Zusammenarbeit mit dem jüdischen Stamm der Banu Qurayza nach dessen mutmaßlichem Verrat an ihm die Tötung aller Männer des Stammes und die Versklavung von dessen Frauen und Kindern angeordnet haben. Dieses Beispiel der frühen islamischen Geschichte wird gerne von Islamistinnen und Islamisten verwendet, um zu belegen, dass Jüdinnen und Juden nicht zu trauen sei. Der IS versteht darin ohne jeden Kompromiss einen Aufruf zur Ermordung von Jüdinnen und Juden.

Bedeutend für die Verbreitung auch heute noch kursierenden antisemitischen Gedankenguts im islamisch geprägten Raum waren aber auch die Europäer, die seit dem Mittelalter antisemitische Haltungen in den islamischen Raum transportierten (z.B. zur angeblichen Ermordung von Kindern durch Juden, die mit deren Blut angeblich Matzen backen würden: „Ritualmord").

Seit der Intensivierung des Nahostkonflikts und mit der Gründung des Staates Israel am 14.05.1948 hat sich der Antisemitismus in der islamisch geprägten Welt stark intensiviert. Gerade nationalsozialistisches Gedankengut oder die „Protokolle der Weisen von Zion" wurden und werden breit im Nahen und Mittleren Osten rezipiert. Bereits der ehemalige Mufti (Religionsoberhaupt) von Jerusalem Ahmad Amin al-Husaini verbreitete während des Zweiten Weltkriegs aus Deutschland heraus nationalsozialistische Propaganda im arabischen Raum. Ab 1955 beriet der ehemalige SS-Führer beim Stab des Rasse- und Siedlungshauptamtes, der Publizist und überzeugte Antisemit Johann von Leers, nach seiner Konversion zum Islam das Nasser-Regime in Ägypten im Auslandspropagandadienst. Ab 1979 machte es sich der Ayatollah Chomeini zur Staatsaufgabe, antisemitische Propaganda in vielen Sprachen zu publizieren und zu verbreiten.[30] Auch der sogenannte „al-Quds"-(Jerusalem-) Tag wurde von Chomeini mit dem Ziel etabliert, zur Vernichtung des Staates Israel bzw. „der Juden" aufzurufen.

Oftmals wird Antisemitismus als Antizionismus getarnt. Der Zionismus ist die im 19. Jahrhundert entstandene nationalistische Bewegung, die für eine Gründung eines „Judenstaates" warb. Mit der britischen Balfour-Declaration von 1917 wurde dem „jüdischen Volk" im damals noch unter osmanischer

29 Siehe hierzu Meddeb/Stora, 2013.

30 Eine englische Version der „Protokolle der Weisen von Zion", die im Jahr 1985 in Teheran unter dem Titel „Jewish Conspiracy – The Protocols of the Learned Elders of Zion" von der Islamic Propagation Organization publiziert und verbreitet wurde, liegt den Autorinnen vor.

Herrschaft stehenden Palästina von der britischen Kolonialmacht eine „Heimstätte“ versprochen. Anschließend wurde die Migration von Jüdinnen und Juden nach Palästina aktiv gefördert.

Zwei Jahre davor hatte allerdings ein Briefwechsel zwischen Sir Henry MacMahon, dem britischen Hochkommissar für Ägypten, und dem damaligen Scharif (Herrscher und Beschützer) von Mekka, Hussein Bin Ali, begonnen. Darin wurde den Arabern die Unabhängigkeit versprochen, wenn sie sich gegen das Osmanische Reich auflehnten. Darauf erfolgte die von der britischen Kolonialmacht unterstützte „Arabische Revolte“ (1916–1918) gegen die Osmanen. Die britische Mandatszeit vom Ende des Ersten Weltkriegs bis 1948 war gekennzeichnet von Aufständen der jüdischen sowie der muslimisch-arabischen Bevölkerung. Während des Zweiten Weltkriegs wurde aufgrund des Holocaust die jüdische Einwanderung nach Palästina intensiviert. Nach gescheiterten Vermittlungsversuchen durch die noch junge UNO erfolgte das britische Mandatsende mitten im bereits begonnenen Krieg zwischen jüdischen und muslimisch-arabischen Milizen. Es folgte die Kriegsbeteiligung auf arabischer Seite der ebenfalls noch jungen unabhängigen arabischen Staaten Transjordanien, Syrien, Libanon, Irak und Ägypten. Während dieses ersten arabisch-israelischen Krieges wurden ca. 750.000 Palästinenserinnen und Palästineser vertrieben. Viele flüchteten in die arabischen Anrainerstaaten, die sie unterschiedlich gut aufnahmen und integrierten. Während ungefähr ein Drittel der heutigen jordanischen Bevölkerung von ihnen abstammt und sich als Jordanierinnen und Jordanier definiert, wurden diejenigen, die nach Syrien oder in den Libanon geflüchtet waren, dort nie mit den gleichen Rechten bedacht wie die Lokalbevölkerung, sodass heute teilweise die vierte Generation unter Betreuung der UNRWA in zu Elendsvierteln umfunktionierten Flüchtlingslagern haust.

„Al-Nakba“ (die „Katastrophe“) wird im arabischen Sprach- und islamischen Kulturraum unmissverständlich gleichgesetzt mit der Gründung des Staates Israel. Die Gründung des Staates Israel und dessen Sieg im Krieg gegen die arabische Allianz wurde für die arabischen Staaten zu einer Art Trauma und dient seither nicht nur als Rechtfertigung für Antisemitismus, sondern auch als Grund für die aktive Verfolgung der eigenen jüdischen Bevölkerung, die sich seither stetig verringert hat und u.a. in Richtung Israel vertrieben wurde.

Für die Veranstaltung von Gedenkmärschen oder Demonstrationen in Deutschland unter dem Titel „Al-Nakba“ wird dabei allerdings auf Deutsch oder Englisch mehr oder weniger konsequent ausschließlich auf die Problematik der palästinensischen Vertriebenen hingewiesen, die im Zuge des ersten arabisch-israelischen Krieges geflüchtet waren. Eine differenzierte Lesung der Geschichte unter Anerkennung einer Mitverantwortung der arabischen

Staaten wird dabei komplett ausgeblendet und nicht selten klar antisemitisch zur Eliminierung des Staates Israel aufgerufen.

Auf Arabisch wird unterdessen nicht mehr gegen den Zionismus und die weitere Aneignung palästinensischer Gebiete durch israelische Siedler, sondern gänzlich antisemitisch argumentiert. Israel wird mit „den Juden" gleichgesetzt.

Auf Demonstrationen und in Tageszeitungen in arabischen Ländern finden sich häufig Karikaturen entmenschlichender Darstellungen von Juden, die an die Propaganda im Dritten Reich erinnern. Antisemitische Aussagen finden sich auch regelmäßig in den Aussagen von Politikern in der islamisch geprägten Welt, um etwa von innenpolitischen Problemen abzulenken. Gerade dann, wenn es eine Zuspitzung im Nahostkonflikt gibt, findet sich auch eine Zunahme antisemitischen Gedankenguts sowohl in islamischen Ländern als auch in Europa.

Diese stetige Entmenschlichung und Verfolgung von Jüdinnen und Juden führte dazu, dass im Jahr 2016 nur noch neun Jüdinnen (von einst 80.000 in den 1950er-Jahren) in Ägypten lebten.[31] In einem Kurzfilm auf Youtube zeigt eine Gruppe junger ägyptischer Filmemacher, wie es einem als jüdisch gelesenen Mann ergehen kann, wenn er sich im Zentrum Kairos nach der nächstgelegenen Synagoge erkundigt: Er wird angeschrien und geschlagen. Ein Mann rät ihm dazu, hebräische Schriftzeichen nicht öffentlich zu zeigen, um Übergriffe zu vermeiden.[32]

Stark verbreitet ist Antisemitismus auch im deutschsprachigen Internet. Er ist dort nicht nur ein auf islamistische Gruppierungen begrenztes Phänomen, sondern antisemitische Stereotype haben häufig auch Eingang in die Populärkultur gefunden (beispielsweise in Filmen), was etwa auch in der Verbreitung von Verschwörungsmythen Ausdruck findet. Die Leugnung oder Verharmlosung des Holocaust ist ebenfalls nicht nur in der islamisch geprägten Welt verbreitet. In Deutschland gab es im Jahr 2021 3.027 antisemitische Straftaten. Im Jahr 2020 lag die Zahl noch bei 2.351 Straftaten, d.h., es gibt eine Zunahme von 28,75 %.[33] Der überwiegende Teil wurde dabei dem Bereich PMK – rechts – zugeordnet (84,31 %). 127 wurden dem Bereich PMK – ausländische Ideologie – (Steigerung um 217,50 % gegenüber dem Vorjahr) und 57 dem Bereich PMK – religiöse Ideologie – (Steigerung um 83,87 % gegenüber dem Vorjahr)

31 The British Museum, 2016.

32 Dotmsr, 2015.

33 Bundesministerium des Innern und für Heimat und Bundeskriminalamt, 2022, S. 9.

zugeordnet. In den Bereich PMK – nicht zuzuordnen – fallen 285 Fälle (Steigerung um 519,57 % gegenüber dem Vorjahr).[34]

Im Jahr 2021 verabschiedete die Bundesregierung ein Gesetzespaket gegen Hasskriminalität und ergänzte den Katalog der Strafzumessungsgründe um antisemitische Beweggründe. Zudem wurden die Betreiber von Sozialen Medien zur Meldung solcher und ähnlicher Inhalte verpflichtet. Im Jahr 2022 brachte die Europäische Union zudem den sogenannten „Digital Services Act" auf den Weg, welcher in der Folge ebenfalls Auswirkungen auf das Recht in den europäischen Mitgliedsländern hat. Die Verordnung wurde im Oktober 2022 im Amtsblatt der Europäischen Union bekannt gegeben.

3.4 Rolle der Frau

In Deutschland existiert gemäß BfV-Bericht vom 21.06.2022 ein „Personenpotential Islamismus/islamistischer Terrorismus" von insgesamt 28.290 Menschen.[35] Dabei werden keine spezifischen Angaben zu Männern und Frauen gemacht. Dieses Weglassen einer nach Geschlechtern gegliederten statistischen Detailansicht in Publikationen aus dem Islamismusbereich ist wenig überraschend. Bis zur massiven Ausreise von auch minderjährigen Frauen ab dem Jahr 2014 ins syrisch-irakische Kriegsgebiet weckten die Aktivitäten von Frauen und jugendlichen Mädchen der islamistischen Bewegung aufseiten der Sicherheitsbehörden kein besonders großes Interesse. Zu Unrecht, denn bereits ab Mitte der 2000er-Jahre wurde in al-Qaida-Foren die Beteiligung von Frauen und jugendlichen Mädchen am Dschihad thematisiert und spätestens am 09.11.2005, als eine Irakerin von der al-Qaida in der jordanischen Hauptstadt als Selbstmordattentäterin eingesetzt wurde, war offensichtlich, dass nicht nur Frauen sich entsprechend radikalisiert, sondern dass auch Strategen des Dschihads den taktischen Vorteil einer weiblichen Beteiligung erkannt hatten: Frauen bleiben unauffälliger und können zudem unter ihrer traditionell eher weiten und nicht körperbetonten Kleidung unbemerkt Sprengkörper transportieren. Dennoch führten Ausreisen von alleinreisenden Frauen ab 2014 nicht nur in herkömmlichen Medien, sondern auch auf den damals noch breit genutzten extremistischen Internetforen zu hitzigen Diskussionen zwischen den Theologen aus dem Sympathiekreis der al-Qaida und denen, die sich zum IS hin orientiert hatten. Dass sowohl Männer als auch Frauen sich am Dschihad beteiligten mussten, stand zu diesem Zeitpunkt gar nicht mehr

34 Ebenda, S. 10.

35 Bundesamt für Verfassungsschutz, 2023.

zur Diskussion.[36] Es ging vornehmlich darum, ob Frauen ohne „Mahram“, d.h. ohne männlichen Beschützer, in den Dschihad reisen durften.

Aus Deutschland sind seit dem Jahr 2011 – so steht es in der oben genannten Publikation des BfV – 1.150 Personen in Richtung Syrien oder Irak ausgereist. Dabei handelt es sich – und hier wird zum ersten Mal das Geschlecht als Distinktionsmerkmal aufgeführt – bei über 25 % der Personen um Frauen. Aufgrund dieser Zahlen ist es naheliegend, dass sich im gesamten Spektrum des islamistischen Extremismus noch mehr Frauen beteiligen als nur die erwähnten 25 %, weil andere Formen der Teilnahme in extremistischen Kreisen viel weniger umstritten sind als die Ausreise in ein Kriegsgebiet.

Aufgrund verschiedener religiöser, kultureller und politischer Prägungen existieren unterschiedliche islamistische Bewegungen, Organisationen und Netzwerke. Genauso wie beim Erstreben eines islamischen Staates gibt es nicht zuletzt auch deshalb beim Verständnis der Rolle der Frau hitzige politisch-religiöse Diskussionen unterschiedlicher Akteurinnen und Akteure. Zum Beispiel hielt der ideologische al-Qaida-Mitbegründer Abdullah Azzam in den 1980er-Jahren in seinen Empfehlungen an arabische Freiwillige im Kampf gegen die Sowjets in Afghanistan fest, dass man aufgrund der kulturellen Gegebenheiten vor Ort die Ehefrauen doch besser zu Hause lassen solle.[37]

Bereits im Jahr 1936 gründete die Ägypterin Zaynab al-Ghazali die „Dschama al-Sayyadat al-Muslimat“ (Gruppe der muslimischen Damen). Dabei waren die Zielstrebungen einer Veränderung der Gesellschaft vergleichbar mit denen, welche hinter der Gründung der Muslimbruderschaft durch al-Ghazalis Landsmann Hassan al-Banna im Jahr 1928 standen. Aufgrund der politischen Verfolgung von Hassan al-Banna durch die ägyptischen Behörden entschloss sich Zaynab al-Ghazali schließlich, zu dessen Unterstützung ihre Organisation mit der der Muslimbrüder im Jahr 1949 kurz vor al-Bannas Ermordung zu vereinen.[38] Die Frauenabteilung der Muslimbrüder ist daher historisch eine eigenständige islamistische Organisation von Frauen. Aufgrund der starken Geschlechtersegregation, die ein wesentlicher Bestandteil der islamistischen Ideologien ist, sind Organisationen von Frauen für Frauen umso wichtiger. Islamistinnen und Islamisten streben danach, die gesamte Gesellschaft nach ihren religionspolitischen Vorstellungen umzuwandeln. Frauen gehören dazu und sind diejenigen, die Frauen und Mädchen letztendlich dazu bewegen können, sich ideologiekonform in die Bewegung einzubringen, weil ein geschlechterübergreifendes Netzwerk gar nicht zulässig wäre.

36 Ettmüller, 2021, S. 101.

37 Azzam, 1986.

38 Euben/Zaman, 2021, S. 277.

Islamistinnen empfinden sich als „Perlen der Schöpfung", die von Gott mit geschlechtsspezifischen Rechten und Pflichten geschaffen wurden. Das bedeutet für sie, dass sie schön und wertvoll sind und deshalb verborgen und geschützt werden müssen. Ein gutes Beispiel für diese Argumentationsweise ist in einem Youtube-Video mit dem Titel „Eine Rose und eine Perle (Der Wert der Frau im Islam)" enthalten. Darin unterhalten sich die überhebliche, duftende und alle Blicke auf sich ziehende Rose, die schnell verblüht, und die in ihrer Muschel verborgene Perle als Metaphern für Frauen mit und ohne Verhüllung.

> Die Perle sagt: „Sicher, ich habe nichts von deiner Schönheit in schillernden Farben, und ich verströme keinen bezaubernden Duft, so wie du. Aber die Menschen tun das Unmögliche, um eine von meiner Sorte zu bekommen. Sie gehen weite Wege, oft bis ans andere Ende der Welt, um mich zu finden. Und wenn sie dann unter Einsatz ihres Lebens mich entdeckt haben, hüten sie mich wie einen Schatz. Sie schützen mich vor allen schädlichen Einflüssen, ja sogar vor den neugierigen Blicken missgünstiger Leute. […]"[39]

Durch islamistische Ideologien wird Frauen und Mädchen häufig auf rosarotem Glanzpapier vermittelt, dass sie Prinzessinnen seien, die von den Männern auf Händen getragen und vollumfänglich versorgt werden müssten. Männer müssten sie achten, für sie und ihre Kinder arbeiten und die Ehre der Familie im öffentlichen Raum verteidigen. Die Frauen und Mädchen hätten dafür ihre Keuschheit und die Sittlichkeit der Glaubensgemeinschaft durch Verschleierung zu wahren, den Haushalt zu führen, die Kinder zu erziehen und ihre Männer in ihren Bestrebungen für die Religion zu unterstützen.

Während diese Darstellung auch an konservative Geschlechterrollen in anderen Religionen und Kulturen erinnern mag, fordern islamistische Frauen teilweise auch Rechte ein, die konservativen Ansichten ihrer Herkunftsländer widersprechen. Bereits Zaynab al-Ghazali ließ sich trotz ihrer Abhandlungen gegen die Scheidung von ihrem ersten Ehemann scheiden, weil dieser ihre politischen Aktivitäten nicht dulden wollte. Mit ihrem zweiten Ehemann vereinbarte sie dann direkt im Ehevertrag, dass sie für die islamistische Bewegung arbeiten und u.a. auch allein des Nachts Männer der Bewegung bei sich zu Hause empfangen dürfe.[40] Andere Islamistinnen zeigen ein ähnlich selbstbewusstes Verhalten und überraschen damit immer wieder ihre Mitstreiter und Beobachter. Während z.B. ein Großteil religiöser und konservativer Muslime weltweit es als explizite Pflicht der Männer erachten dürfte, am Freitag in der Moschee zu beten, fordern einige Islamistinnen ebenfalls ihren Platz

39 Fa Tūba lil Ghurabā, 2011.

40 Euben/Zaman, 2021, S. 280.

in der Moschee ein, um der Freitagspredigt (Chutba) zu lauschen. In Ägypten eröffneten vollverschleierte Salafistinnen nach dem „Arabischen Frühling“ sogar einen eigenen Fernsehkanal mit einem nur für Frauen zugänglichen Set.

Von gewaltbereiten Islamistinnen werden seit dem Jahrtausendwechsel Möglichkeiten zur Beteiligung am Dschihad verhandelt. Dabei bewegten sich die Extremistinnen weg von Finanzierung, Propagandaverbreitung, pflegenden und logistischen Tätigkeiten sowie der Begleitung der Männer an die Front, um deren Versorgung und psychische Unterstützung sicherzustellen, immer mehr auch in Richtung einer direkten bewaffneten Beteiligung am Dschihad. Zumindest den Einsatz als Selbstmordattentäterinnen scheint ihnen keine der bekannteren islamistischen Terrororganisationen mehr zu untersagen. Die libanesische Hisbollah entschied sich bereits in den 1980er-Jahren dafür, auch Frauen als Selbstmordattentäterinnen einzusetzen.[41] Danach folgten die in der öffentlichen Diskussion als „schwarze Witwen“ bezeichneten tschetschenischen Terroristinnen.[42] Nach anfänglichem theologischem Zögern – Selbstmord wird zumeist als durch den Islam verboten eingestuft – zog dann auch die palästinensische HAMAS nach.[43]

Was die Beteiligung am Dschihad betrifft, besteht eine ideologie- und gruppenübergreifende Einigkeit, dass Frauen sich daran beteiligen müssen, indem sie Spenden sammeln, Propaganda verbreiten, den männlichen Nachwuchs zu Kämpfern erziehen und die männlichen Familienmitglieder dazu anzuhalten, zu kämpfen. Zur Erziehung stand in der Frauenkolumne der IS-Zeitschrift *Rumiyah* im Jahr 2017 Folgendes:

> „So wachsen sie auf, während sie sich gewöhnt haben an den Anblick von Waffen und Ausrüstung, inkl. Gewehren, taktischen Westen, Munition, Granaten und Sprengstoffgürtel. Gleichermaßen führt das Anschauen der Videoveröffentlichungen der Mudschahidin[44] und das Verfolgen ihrer verschriftlichten und ausgestrahlten Nachrichten zur Stärkung der Liebe für den Dschihad und die Mudschahidin im Herzen der Löwenjungen, sowie zur Vergrößerung des Hasses auf den Feind.“[45]

Frauen wurden aber tatsächlich in den syrischen und irakischen Kriegsgebieten von unterschiedlichen dschihadistischen Organisationen an der Waffe ausgebildet und als Polizei- oder Kampfeinheiten eingesetzt. Polizeiliche Auf-

41 Kais, 2013.

42 Speckhard/Akhmedova, 2017.

43 Ziolkowski, 2020.

44 Kämpfer des Dschihads.

45 Ohne Autorenangabe, „Die Frau ist eine Hirtin im Haus ihres Ehemannes und verantwortlich für ihre Herde“, 1438/2017, S. 20.

gaben mit einem Schwerpunkt der Sittenkontrolle übernahm im IS die Chansa-Frauenkompanie[46] (Sariyat al-Chansa)[47] und als militärische Kampfeinheit wurde das Nusaybah-Frauenbataillon ab 2016 gebildet.[48] Als Ausbilderinnen und Propagandistinnen fungierten häufig radikalisierte Ausländerinnen, die ausgereist waren, um sich im dortigen bewaffneten Konfliktgeschehen einzubringen. Die amerikanische Staatsbürgerin Allison Fluke-Ekren gestand, über 100 Frauen und Mädchen ab einem Alter von 10 Jahren an automatischen Gewehren des Typs AK-47 und im Umgang mit Granaten und Sprengstoffgürteln geschult zu haben.[49]

Von der islamistischen Propaganda werden allerdings Frauen nicht nur als Kämpferinnen für die Bewegung aquiriert. Gleichzeitig erfolgen ein militanter Antifeminismus und eine Abwertung der nicht verschleierten Frau, die idealerweise gänzlich aus dem öffentlichen Raum verschwinden soll, oder alternativ für (sexuelle) Übergriffe – nicht zuletzt als potenzielle Sklavin – zur Verfügung gestellt wird. So rechtfertigte der IS die sexuelle Ausbeutung von zur Kriegsbeute entmenschlichten Frauen und Mädchen als Sklavinnen (Saby) mit Koranzitaten, der Prophetengeschichte (Sira) und einigen Hadithen.[50] Um explizit Klarheit zu schaffen, auf welche Art und Weise Frauen und Mädchen sexuell missbraucht werden dürften, erstellte der IS im Jahr 2015 einen Flyer mit Fragen und Antworten dazu, wie eine solche Sklavin zu behandeln sei. Darin wurde u.a. vermerkt, dass christliche, jüdische und jesidische Frauen und Mädchen versklavt werden dürften. Eine Frage war, ob man mit einem Sklavenmädchen Geschlechtsverkehr haben dürfe, bevor es die Pubertät erreicht hat. Die Antwort lautet, dass man es dürfe, wenn es „in der Lage dazu sei". Falls nicht, könne man es „anderweitig genießen".[51]

Unterschiedliche islamistische Bewegungen fordern Polygamie (mit bis zu vier Frauen) und die Heirat der Mädchen ab sechs oder neun Jahren. Sie verhindern eine von Frauen initiierte Scheidung und verweisen auf das klassische islamische Recht, das für weibliche Erben die Hälfte der Erbschaft der männlichen Erben vorsieht oder der Aussage einer Frau als Zeugin vor Gericht nur halb so viel Gewicht zurechnet wie der eines Mannes.

Der weibliche Körper von der Fußspitze bis zum Haar wird zu einem Sexobjekt degradiert und sogar die weibliche Stimme der Verführung der Männer und

46 Häufig fehlerhaft aus dem Arabischen als „Bataillon" übersetzt.

47 Vonderhaar, 2021.

48 US Department of Justice, 2022.

49 Ebenda.

50 Al-Muhajirah, 1436/2015, S. 44–48.

51 Wood, 2014.

damit der Stiftung von Chaos und Zerwürfnis (Fitna) innerhalb der Religionsgemeinschaft verdächtigt. Überall dort, wo islamistische Staaten gegründet wurden – sei es im Iran, in Afghanistan, im Sudan oder in Indonesien (Provinz Aceh) – wurden Frauen aufgrund ihres Geschlechts systematisch entmenschlicht. Obwohl es in europäischen Gesellschaften ganz unterschiedliche Beweggründe gibt, warum ein Kopftuch getragen wird, ist die Zunahme an Verschleierung der Frauen in einer muslimischen Gesellschaft dennoch ein deutlicher Indikator des fortschreitenden Islamismus, wie er z.B. in Ägypten oder dem Irak seit den 1970er-Jahren sehr gut zu beobachten ist.[52]

Auf einen Blick:

Frauen beteiligen sich als Aktivistinnen in islamistischen Netzwerken und Organisationen. Für die Verbreitung von Propaganda sind sie teilweise besonders wichtig, weil sie aufgrund ihrer Freistellung von Pflichten der Familienversorgung, die der Mann laut islamistischer Rollenteilung allein zu sichern hat, über mehr Zeit verfügen, sich zu vernetzen. Ideal ist dafür das Internet, weil man sich dort zur Missionierung (Daua) nicht zeigen muss. Dazu werden in privaten Räumen auch „Schwesterntreffen" organisiert, zu denen nur Frauen und Kinder Zugang haben. Einblicke in diese Zirkel zu erwirken ist deshalb eine besonders heikle Angelegenheit, was wiederum den taktischen Wert der Frauen für Terrororganisationen steigert. Frauen sammeln zudem fleißig Gelder, um „Geschwister" in Gefängnissen und Lagern zu unterstützen. Nicht zuletzt gebären sie viele Kinder – dies ist eine offizielle Strategie des IS im Kampf gegen die Kuffar (die Ungläubigen)[53] – und sie bilden diese zu Kämpferinnen und Kämpfern aus.

Gleichzeitig werden nichtmuslimische Frauen und Mädchen systematisch entmenschlicht und bis zur Sexsklavin degradiert. Für Musliminnen sehen islamistische Bewegungen u.a. die Bedeckung des Körpers in der Öffentlichkeit, die Polygamie, eine Heirat ab sechs oder neun Jahren, die Hälfte der Erbschaft der Männer und die Hälfte des Gewichts als Zeugin vor Gericht im Vergleich zu einem Mann vor.

52 Saleh, 2022.

53 Maktaba al-Himma, „Damit ich mit euch die anderen Nationen übertreffe", Rabi' al-Achir 1438 [September 2016], S. 38.

Quelle: Social-Media-Kanal „Niqabi".

Gratis-Frauenzeitschrift der al-Qaida „Baytik" (dein Haus), Nr. 21, 2019.

Zusammenfassung

Ziel der Errichtung eines Kalifats (Ablehnung der freiheitlichen demokratischen Grundordnung):

- Der Kalif gilt im sunnitischen Islam als Statthalter des islamischen Propheten Muhammad bis zur Abschaffung des Kalifats im Jahr 1924.
- Islamistische Bewegungen streben die Erstellung einer „islamischen" gesellschaftlichen, rechlichen und politischen Ordnung an.
- Die Demokratie wird teilweise als Gegenreligion mit menschengemachten Gesetzen gewertet, die es zu bekämpfen gilt.

Abwertung Andersgläubiger:

- Die Abwertung anderer Menschen im Islamismus erfolgt auf religiöser und nicht auf (vermeintlich) ethnischer Basis.
- Sie beruft sich auf eine Kategorisierung von Religionsgruppen im Koran und der Tradition Muhammads.
- Übernommen werden negative Sichtweisen, ohne den Kontext der jeweiligen Aussagen zu betrachten.
- Für den polizeilichen Kontext in Deutschland sind u.a. mögliche Berührungen zum Themenfeld „Gewalt im Namen der Ehre" und „Ehrenmord", aber auch Asylbegehren von Konvertiten oder Atheisten/Agnostikern und Gefahren vonseiten muslimischer Gruppierungen oder Einzelpersonen, die andere Muslime nicht als Muslime anerkennen, relevant.

Antisemitismus:

- Die Zahl der antisemitischen Straftaten ab dem Jahr 2021 gestiegen.
- Antisemitismus ist ein wichtiges Charakteristikum der islamistischen Ideologie, aber auch allgemein in der islamisch geprägten Welt verbreitet.
- Die Bundesregierung verabschiedete 2021 ein Gesetz gegen Hasskriminalität, die EU brachte 2022 den Digital Services Act auf den Weg.

Rolle der Frau:

- Islamismus kann für Frauen attraktiv sein, um traditionalistischen Strukturen zu entfliehen und sich in diesem Sinne zu emanzipieren.
- Frauen sind aktive Akteurinnen im islamistischen Milieu und erfüllen folgende Aufgaben:
  a) Verbreitung der Propaganda
  b) Aufbau von Netzwerken
  c) Sammeln von Geldern für islamistische oder dschihadistische Organisationen
  d) Gebären und Aufziehen von Kindern für die Bewegung
  e) Ausbildung der Kinder in Ideologie und teilweise im Kampf
  f) Unterstützung der Männer mit logistischen, medizinischen und verwaltenden Tätigkeiten
  g) teilweise auch eine aktive Kampfteilnahme als Selbstmordattentäterinnen oder Kämpferinnen

4 Äußerliche Merkmale zur Stärkung der Gruppenidentität

4.1 Flaggen und Symbole

Obwohl Islamistinnen und Islamisten sich im öffentlichen Raum teilweise erkennbar inszenieren, kann gerade in diesem Zusammenhang eine Verallgemeinerung zur Stereotypenbildung beitragen. Nicht jeder Mann mit langem Bart im Kaftan ist ein Salafist. Und auch wenn er einer wäre, hieße das nicht unbedingt, dass er eine Gefahr für die Öffentlichkeit darstellt und ihm aus dem Bereich der Sicherheitsbehörden eine spezielle Aufmerksamkeit zuteilwerden muss.

Die folgenden Angaben zur islamistischen Symbolik dürfen daher – abgesehen von den eindeutigen und verbotenen Symbolen – nicht als eine Art Checkliste verstanden werden, die „DEN“ vermeintlichen Islamisten entlarvt.

Um ein gemeinsames Identitätsgefühl zu fördern, um sowohl nach innen wie auch nach außen erkennbar zu sein und um Geschlossenheit im öffentlichen Raum zu demonstrieren, nutzen viele politische Gruppierungen unterschiedlicher ideologischer Ausrichtung Symbole und Flaggen. Auch islamistische Vereinigungen bedienen sich unterschiedlicher Symbolik.

Aufgrund der massiven Erweiterung des öffentlichen Raums aus der realen in eine digitale Welt, und weil gerade Letztere viele Möglichkeiten der Vernetzung und Kommunikation bietet, die konspirative Vorgehensweisen für Extremistinnen und Extremisten vereinfachen, werden z.B. in den Sozialen Medien viele Symbole genutzt, die auf die Sympathie zu einer gewissen extremistischen Vereinigung hinweisen, aber strafrechtlich nicht verfolgbar sind. Ein gutes Beispiel dafür sind die IS-Flaggen, die frühestens nach dem durch das BMI verfügte Betätigungsverbot im September 2014 und spätestens nach der Anpassung des Strafgesetzparagrafen 86a im September 2021 aus den Profilbildern verschwanden und von der Anhängerschaft und den Sympathisantinnen und Sympathisanten des IS mit schwarzen Flaggen-Emojis und Emojis, die einen nach oben deutenden rechten Zeigefinger darstellen, ersetzt wurden.

Die meisten islamistischen Organisationen haben Flaggen, Embleme oder Logos. Eine ausführliche Auflistung dieser Symbole kann nicht Gegenstand dieses Abschnitts sein. Er soll lediglich in immer wiederkehrende Darstellungen auf Flaggen einführen und ein Verständnis wecken für deren Bedeutung.

Was die Farbgebung der Flaggen betrifft, so werden von islamistischen Organisationen Schwarz, Weiß und Grün bevorzugt. Grün gilt im Islam als Farbe des Propheten oder gar Farbe des Islams und wird häufig im religiösen Kontext, aber auch als Farbe der Nationalflagge, z.B. von Saudi-Arabien, verwendet. Vielerorts gilt auch der Glaube, dass die Seelen der Märtyrerinnen und Märtyrer in den Körpern grüner Vögel direkt zum Paradies entschweben.

Die Farbe Weiß symbolisiert Reinheit und Einigkeit. Die Toten werden im Islam mehrheitlich in weißen Tüchern begraben und die Pilger tragen weiße Gewänder, wenn sie sich auf die Reise nach Mekka machen. Der Engel Gabriel soll einen weißen Körper und grüne Flügel gehabt haben, als er Muhammad die Offenbarung überbrachte.[54]

Die Farbe Schwarz und vor allem, wenn sie für Flaggen verwendet wird, ist kriegerisch konnotiert. Nach islamischen eschatologischen Vorstellungen kämpfen am Ende der Zeit drei Heere gegeneinander, wobei das muslimische Heer schwarze Flaggen tragen und siegen soll. Diese Vorstellung und auch die Teilfixierung der Endzeitschlacht auf den Ort Dabiq in Syrien wurden vom IS breit für propagandistische Zwecke ausgeschlachtet.

Unterschiedlich gestaltete schwarze Flaggen mit Schahada – dem muslimischen Glaubensbekenntnis – wurden sowohl von Teilorganisationen der

54 Schirrmacher, 2005.

al-Qaida als auch im nicht offenkundig dschihadistischen Kontext, z.B. von Pierre Vogel, benutzt.[55]

Im folgenden Bild von einem islamistischen Blog, der vermutlich von einer Frau geführt wird, sieht man schwarze Flaggen mit Schahada. Die umgekehrte Farbgebung (Flagge in Weiß und Schahada in Schwarz) wird von den Taliban als offizielle Flagge ihres afghanischen islamischen Emirats verwendet. Beide Flaggen können in Deutschland nicht direkt einer verbotenen Vereinigung zugeordnet werden und dürfen daher straffrei im öffentlichen Raum gezeigt werden.

Quelle: ummulfaraidh, The 'Black Flag of Tawheed' which is being raised all around the world, is a sign of unity in the Muslim Ummah, 2013.

Der IS hingegen nutzt eine schwarze Flagge mit dem sogenannten „Prophetensiegel". Dabei handelt es sich um ein Siegel, das dem Abdruck eines Siegelrings des islamischen Propheten Muhammads nachempfunden sein soll. Das „Siegel" ist deshalb im Islam von großer Bedeutung, weil nach den geläufigsten Interpretationen der Religion der Muhammad der letzte Prophet des einzigen Gottes gewesen sein soll. Er habe die Offenbarung, die bereits von Adam über Abraham und Moses bis Jesus übermittelt worden sei, besiegelt. Nach ihm folgen nach der häufigsten Lesung des Islams keine weiteren Propheten.

Auf der IS-Flagge steht oben in weißer Schrift auf schwarzem Grund: „Es gibt keinen Gott außer Gott". Es handelt sich dabei um den ersten Teil des Glaubensbekenntnisses. Danach folgt das angebliche Prophetensiegel in Schwarz auf Weiß: „Gott, Gesandter, Muhammad".

55 Auf einem Foto von Vice News sieht man Pierre Vogel mit einer schwarzen Mütze, auf der in weißer Schrift die Schahada zu sehen ist. Boeselager, ohne Angabe des Datums.

Eine grüne Flagge wurde von der Organisation „Kalifatstaat" aus Köln, die am 08.12.2008 verboten wurde, genutzt. Auch auf ihr stand das Glaubensbekenntnis und in arabischer Kalligraphie „Das Kalifat ist meine Nation". Die palästinensische HAMAS nutzt ebenfalls eine grüne Flagge und grüne Stirnbänder für Kämpferinnen und Kämpfer, wie auch unten auf dem Emblem ihrer Kampfeinheit – der Märtyrer Izz ad-Din al-Qassam Brigaden – zu sehen ist.

Auf dem Emblem sieht man weitere Elemente, die im islamistischen Kontext eine wichtige Bedeutung haben. Das Buch in der Hand des Kämpfers ist ein Koran. In der rechten Hand hält er eine Kalaschnikow, die im dschihadistischen Kontext sehr viel öfter als Waffe der Musliminnen und Muslime verherrlicht wird als der Krummsäbel der frühen muslimischen Kämpfer, dem man ebenfalls auf Flaggen und in Logos begegnet. Verhüllt ist der Kämpfer mit einer Kufiya. Dabei handelt es sich um ein Kopftuch, das traditionell von Männern unterschiedlicher Beduinenstämme genutzt wurde. Die Musterung wies ursprünglich auch auf die Zugehörigkeit zu einem bestimmten Stamm hin. Seit der breiten medialen Bekanntmachung der Kopfbedeckung durch

Jassir Arafat, den Anführer der Palästinensischen Befreiungsorganisation (PLO), wird das Tuch häufig als „Arafattuch“ oder als „Pali“ bezeichnet. Als Zeichen der Verbundenheit mit den Palästinenserinnen und Palästinensern wird es auch im linken politischen Spektrum gerne gezeigt.

Im Hintergrund des Emblems erkennt man den schematisch dargestellten Felsendom in Jerusalem. Er ist eines der Hauptheiligtümer des Islams und symbolisiert in islamistischen Darstellungen die Disposition zur Eroberung Jerusalems und zur Zerstörung Israels. Neben dem Felsendom steht auf dem Tempelberg in Jerusalem auch noch die al-Aqsa-Moschee. „Al-Aqsa“ und „al-Quds“ (Jerusalem) werden von islamistischen Gruppierungen gerne verwendet, um ihre Feindschaft gegenüber Israel kundzutun. Der „al-Aqsa e.V.“, der in Deutschland bis zu seinem Verbot im Jahr 2002 den Hauptsitz hatte und die HAMAS mit Spendengeldern versorgte, benannte sich z.B. nach der gleichnamigen Moschee auf dem Tempelberg. Die „al-Quds-Einheit“ der iranischen Revolutionsgarden ist eine Kampfeinheit, die für Einsätze im Ausland eingesetzt wird.

Eine weitere Flaggenfarbe, die im schiitisch islamistischen Kontext verwendet wird, ist Gelb. Die Hisbollah stellt ihren Namen in Grün in arabischer Kalligraphie auf gelbem Hintergrund dar. Das Alif (A) des Wortes „Allah“ (Gott) greift als Arm mit Hand in die Höhe und hält eine Kalaschnikow. Angelehnt an den Arm ist ein Buch, der Koran. Über der Kalaschnikow steht ein Koranzitat, das lautet, dass die Partei Gottes siegreich sein wird (Sure 5:56). Darunter steht ebenfalls auf Arabisch: „Der islamische Widerstand im Libanon“.

Das Logo, das im Hintergrund eine Weltkugel zeigt und in der Mitte einen siebenblättrigen Zweig, der Frieden und Gerechtigkeit symbolisiert, ist im

Wesentlichen der Gestaltung des Emblems der iranischen Revolutionsgarden nachempfunden. Die Verbindung der Hisbollah zu dieser iranischen Kampfeinheit, die direkt dem „Führer", also Chamenei untersteht, lässt sich also unkompliziert an der Darstellung auf der Flagge erkennen. Die Flaggen der meisten schiitischen Milizen im Irak, in Syrien oder im Jemen, die mit Unterstützung aus dem Iran in den Kampf geschickt werden, zeigen eine Anlehnung an die Symbole auf dem Emblem der Revolutionsgarden.

Weitere Symbole, die im islamistischen Kontext häufig angetroffen werden, sind der sogenannte „Tauhidfinger", grüne Vögel und Löwen. Das Ausstrecken des rechten Fingers gegen Himmel als Zeichen der Einheit Gottes findet auch in islamischen Gebeten Anwendung. Allerdings wurde die Geste stark durch die IS-Propaganda vereinnahmt und wird in Verbindung mit weiteren Elementen wie einem Bekenntnis zum Kalifat und schwarzen Flaggen als Erkennungszeichen in den sozialen Medien genutzt. Die grünen Vögel stehen stellvertretend für die Märtyrer, die im Kampf gefallen sind. Als Löwen sehen sich die Kämpfer im Dschihad. Kindersoldaten werden gerne als „Löwenjungen" bezeichnet.

4.2 Kleidung

Die Kleidung von Personen, die dem Islamismus-Spektrum zuzurechnen sind, ist vielfältig. Der Stil überschneidet sich zudem oftmals mit dem von Personen, die sich traditionell kleiden oder aufgrund einer regionalen Zugehörigkeit einem bestimmten Kleidungsstil folgen. Ein bestimmter Kleidungsstil alleine gibt daher nicht immer Aufschluss darüber, ob es sich bei einer Person um eine Islamistin oder einen Islamisten handelt. Ebenso folgen viele Islamistinnen und Islamisten beispielsweise auch einem „westlichen" Kleidungsstil. Es ist wichtig, unterschiedliche Faktoren zu berücksichtigen.

Ein Beispiel dafür, dass die Kleidung nicht immer Rückschlüsse auf die religiös-politische Haltung einer Person ermöglicht, sind etwa die Frauen und Mädchen im derzeitigen Afghanistan. Dort haben die Taliban die Regelung eingeführt, dass Frauen und Mädchen eine Burqa tragen müssen. Wenn sie diese nicht tragen würden, müssten sie mit massiven Repressionen rechnen. Das Tragen der Burqa in diesem Kontext geschieht überwiegend nicht freiwillig und bedeutet nicht, dass diese Frauen und Mädchen notwendigerweise den Taliban angehören oder deren politische und religiöse Haltung befürworten. Ursprünglich war die Burqa die Tracht der paschtunischen Frauen. In den 1990er-Jahren sind die Taliban aus einer Mehrheit an paschtunischen Kämpfern hervorgegangen. Deshalb wurde dieses Kleidungsstück später für alle von den Taliban beherrschten Afghaninnen übernommen.

Ebenso sind Frauen und Mädchen im Iran und Saudi-Arabien gesetzlich verpflichtet, ein Kopftuch und einen langen Mantel (Tschador bzw. Dschalabiya) zu tragen, und in vielen Regionen der islamisch geprägten Länder wird dies von gesellschaftlicher Seite her von ihnen erwartet. Das Tragen eines Kopftuchs an sich lässt also auch hier nicht notwendigerweise auf eine bestimmte religiöse oder politische Haltung schließen. Auch in Deutschland oder anderen europäischen Ländern ist es möglich, dass Frauen oder Mädchen z.B. aufgrund von traditionellen Erwartungen ihrer Familien eine bestimmte Bekleidung tragen. Ein bestimmter Kleidungsstil kann zudem auch durch die regionalen Wetterbedingungen (etwa auch einige Gewänder von Männern) oder durch Traditionen bedingt sein.

Die Kleidung kann jedoch einige Aufschlüsse über die Zugehörigkeit zu einer bestimmten Gruppierung geben. Der Kleidungsstil von Männern/Jungen und Frauen/Mädchen ist dabei stark unterschiedlich. Bei der Kleidung von Männern und Jungen wird darauf geachtet, dass diese der Kleidung des islamischen Propheten Muhammad und der frühen Muslime ähnlich ist bzw. dem, was Islamistinnen und Islamisten als Kleidung Muhammads und seiner Anhänger zur damaligen Zeit annehmen. Bei Frauen und Mädchen steht die Verhüllung vor den Blicken anderer Männer zur Vermeidung von Fitna (Chaos, gesellschaftliche Spaltung) im Vordergrund.

Üblicherweise folgen die Anhänger einer islamistischen Gruppierung relativ konsistent einem für ihre Gruppe typischen Kleidungsstil, d.h., man würde beispielsweise keine gruppenübergreifenden Vermischungen finden wie etwa in salafistischem Stil gekleidete Männer und Tschador tragende Frauen.

Kleidung von Jungen und Männern

a) Bart

Gemeinsam ist den meisten islamistischen Gruppierungen, dass sie davon ausgehen, dass Männer einen Bart tragen sollen, da dies in einem Hadith – einer Überlieferung des islamischen Propheten Muhammad – erwähnt wird. Der Bartstil selbst variiert dabei. Während Muslimbrüder gerne zum Anzug mit Krawatte einen gestutzten Vollbart tragen, achten Salafisten darauf, dass sie das Haar auf der Oberlippe entfernen. Viele Männer in Südasien färben ihren Bart mit Henna und glauben damit ebenfalls, dem Vorbild Muhammads zu folgen.[56]

56 Siehe dazu z.B. die Fatwa (islamisches Rechtsgutachten) Nr. 91006 des aus Qatar betriebenen mehrsprachigen Fatwaportals „Islamweb.net“: „Dyeing [sic!] the hair with Henna is a confirmed Sunnah“, 1426/2006.

Quelle: Yasir Qadhi, „How Long One's Beard Should Be?", 2020.

b) Gewand

Gerade in einem salafistischen Kontext sieht man zudem Männer und Jungen, die häufig weiße weite traditionelle Gewänder (Dschalaba, Dschalabiya, Abiya) tragen. Hiermit beabsichtigen sie, dem Vorbild Muhammads und dem der ersten Muslime (al-Salaf al-salih = die ehrwürdigen Altvorderen) zu folgen. Gleichzeitig hat sich in der jüngsten Vergangenheit bei jungen Männern auch eine Art salafistische und islamistische Popkultur der Kleidung entwickelt mit T-Shirts und Hoodies, die teilweise sogar mit dem Aufdruck „Ana Salafi" (Ich bin Salafist), IS-Logos oder anderen religionsbezogenen Drucken (siehe Beispiele unten) versehen werden.

Quelle: https://quranurdut.blogspot.com/2015/04/islamic-t-shirts.html, 2023.

c) Hose

Die Hose oder auch das Gewand ist nach salafistischer Lesung der Religionsquellen nur knöchellang zu tragen. Dabei beziehen sich die Interpretinnen und Interpreten auf einen Hadith des islamischen Propheten Muhammad aus einer der sechs wichtigsten Sammlungen des Sunnitentums (Sunna):

> Abu Huraira – möge Allah mit ihm zufrieden sein – berichtete über den Propheten – Allahs Segen und Frieden auf ihm –, dass er sagte: „Was vom Lendentuch (Izar/Untergewand) unterhalb der beiden Fußknöchel ist, ist im (Höllen)feuer." (Al-Buchari 5450)[57]

d) Kopfbedeckung

Die Kopfbedeckungen von Islamisten zeichnen sich durch eine große Vielfalt aus. Die Art der Kopfbedeckung kann z.B. auch wertvolle Hinweise auf die Herkunft oder Rückkehr des Trägers aus einer bestimmten Region bieten.

Der Pakol ist z.B. eine wollene Mütze, die in Pakistan und Afghanistan getragen wird. Bekannt geworden ist sie international durch die antisowjetischen Kämpfer der 1980er-Jahre, die häufig einen Turban oder einen Pakol trugen. Ausländische Kämpfer, die in Afghanistan gekämpft haben, schmücken sich gerne mit einem Pakol, um sich als Veteranen dieses für Dschihadisten gewichtigen Krieges des internationalen Dschihad in ihrem Milieu zu präsentieren.

Abdullah Azzam, der Mitbegründer und Mitbetreiber des Maktba al-Khidamat, aus dem die al-Qaida hervorging, mit Pakol-Mütze

Quelle: Al-Qaida Frauenzeitschrift Baytik (Dein Haus), Nr. 21, Khair Umma, Oktober 2019.

57 Die Übersetzung stammt von der Webseite „Der Islam – Frage und Antwort". Als „Superviser und Leiter" wird Scheich Muhammad Salih al-Munajjid angegeben. Die Übersetzung ist Bestandteil einer Fatwa (Rechtsgutachten) zur Frage nach der islamisch korrekten Bekleidung für den Mann. Al-Munajjid ist ein saudi-arabischer Prediger, der mit seinen Eltern als palästinensischer Flüchtling von Syrien nach Saudi-Arabien kam, dort studierte und seither die wahhabitische Staatsideologie in extremer Form vertritt. In seinen Onlineauftritten erlaubte er z.B. auch den Geschlechtsverkehr mit in Saudi-Arabien lebenden Sklavinnen, womit die als Haushaltsangestellte tätigen Südasiatinnen in saudi-arabischen Haushalten gemeint sind (siehe Knipp, 2016).

Als Ausdruck der Solidarität mit den Palästinensern entscheiden sich manche Männer und Frauen dazu, eine schwarz-weiße Kufiya („Arafattuch", „Pali", siehe Kapitel 4.1) zu tragen. Sie setzen damit auch ein politisches Zeichen und wollen etwa den Staat Israel kritisieren, infrage stellen bzw. drücken eine komplette Ablehnung des Staates Israel aus.[58] Dschihadisten nutzen in sozialen Medien ebenfalls gerne eine komplett mit einer schwarz-weißen Kufiya verhüllte Person als Profilbild (siehe auch Kapitel 4.1, das Logo der Märtyrer Izz ad-Din al-Qassam-Brigaden, und Kapitel 3.3 Antisemitismus).

Bäcker mit Kufiya in Damaskus, Syrien, 2006; Bild: Lang.

Manche Jungen und Männer tragen eine Taqiya (Gebetsmütze, Gebetskappe). Auch diese kann traditionellerweise unterschiedlich gestaltet und in Trachten verschiedener Regionen integriert worden sein. Während im südasiatischen Raum viele Männer das Tragen einer Kopfbedeckung zum Gebet oder beim Betreten heiliger Stätten als verpflichtend betrachten, wird die

58 Dabei muss es sich bei dem Träger nicht unbedingt um einen Islamisten handeln. Kufiyas werden z.B. auch teilweise von Linksextremisten und sogar auch von Rechtsextremisten getragen.

Taqiya im arabischen Raum oder im europäischen Kontext hauptsächlich von Salafisten gefordert und getragen.

e) Zabiba

Bei der Zabiba handelt es sich nicht um ein Kleidungsstück. Es ist ein Gebetsfleck mitten auf der Stirn, den der Träger (vermeintlich) durch häufiges Beten erlangt, da Muslime beim rituellen Gebet mit dem Kopf den (bedeckten) Boden berühren. Es gibt Möglichkeiten, die Entwicklung eines solchen Flecks zu beeinflussen. Die Zabiba ist z.B. in Ägypten verbreitet. Eine ausgeprägte Zabiba kann darauf hinweisen, dass der Träger von den anderen Personen als besonders frommer Mann betrachtet werden möchte.

Mann mit Zabiba, Kairo, Ägypten, 2007; Bild: Ettmüller.

Mann mit Zabiba, Alexandria, Ägypten, 2007; Bild: Ettmüller.

Kleidung von Frauen und Mädchen

In islamistischen Kreisen dominiert eine verhüllende Kleidung für Frauen und Mädchen. Bestandteil ist dabei üblicherweise auch ein Kopftuch. Dieses wird oftmals bereits vor dem Alter von neun Jahren getragen. Die bevorzugte Farbe der Kleidung von Frauen und Mädchen im islamistischen Kontext ist Schwarz. Nach Auffassung vieler traditioneller und konservativer Musliminnen und Muslime soll ein Mädchen nach dem Eintritt der ersten Regelblutung das Kopftuch tragen. Dann gilt ein Mädchen als Frau, die auch verheiratet werden kann. Das Kleiden von kleinen Kindern mit einem Kopftuch deutet auf eine extremistische Glaubensauffassung hin, die auch dafür plädiert, Mädchen ab neun Jahren zu verheiraten. Dies geschieht nach dem Vorbild der Hochzeit des islamischen Propheten Muhammad mit seiner Frau Aischa, die gemäß einer fundamentalistischen und wörtlichen Lesung der Prophetenüberlieferung stattgefunden haben soll, als Aischa neun Jahre alt war.

Es gibt ganz unterschiedliche Arten von Kopftüchern, die hier kurz dargestellt werden. Die Art des Kopftuchs bzw. die Art und Weise, dieses um den Kopf zu wickeln, kann Informationen über die Herkunft und gesellschaftspolitische Orientierung seiner Trägerin offenbaren.

a) Arten von Kopftüchern

Hidschab:

Unter einem Hidschab wird sowohl die Verschleierung des weiblichen Körpers an sich als auch ein einfaches Kopftuch verstanden, welches unterschiedlich getragen wird. Bei dieser Art der Verhüllung werden zumeist auch die Arme und der Hals bedeckt. Dabei werden im liberaleren islamischen Milieu unterschiedliche Farben und Formen gewählt und die Wickeltechnik teilweise sehr kompliziert und raffiniert gehandhabt. Es gibt etliche Youtube-Tutorials zum Hidschab-Wickeln. Diese Form der muslimischen Bekleidung wird als Modeform praktiziert. Hidschab kann aber im islamistischen Milieu auch mit einer kompletten Bedeckung des Körpers gleichgesetzt und sehr konservativ (farblich eher dunkel) gehandhabt werden. Das vermeintliche „Recht“ der Bedeckung mit einem Hidschab wird z.B. auch von „Generation Islam“ für Mädchen unter 14 Jahren gefordert (siehe Kapitel 8.6.1 Generation Islam).

Chimar:

Der Chimar ist ein mantelartiger hüftlanger Schleier, bei dem das Gesicht frei bleibt. Er kommt in verschiedenen Farben vor und deutet auf ein streng konservatives oder extremistisches Islamverständnis hin. Muslimschwestern tragen häufig einen Chimar und verteilen das Kleidungsstück gerne an Bedürftige.

Niqab:

Beim Niqab handelt es sich um einen Gesichtsschleier, der zusammen mit einer Abaiya (auch Dschalabiya oder Dschilbab), einem langen Gewand, getragen wird. Dabei bleibt nur ein Streifen um die Augen frei, wodurch das Gesicht unkenntlich bleibt. Meist sind diese schwarz. Er stammt in dieser modernen Variante aus der Golfregion und wurde mit der saudi-arabischen wahhabitischen Mission weltweit verbreitet (vgl. dazu Kapitel 7.1.1 und 9.2).

Frauen mit Chimar, Hidschab und Niqab, Kairo, Ägypten, 2007; Bild: Ettmüller.

Frau mit Abaiya, Kairo, Ägypten, 2007; Bild: Ettmüller.

Tschador:

Ein Ganzkörperschleier, der vor dem Hals entweder mit der Hand zusammengehalten oder zusammengebunden wird. Er wird von konservativen oder extremistischen Schiitinnen beispielsweise im Iran getragen. Meist ist er schwarz. Das Gesicht bleibt dabei frei.

Burqa:

Bei der Burqa handelt es sich, wie oben erwähnt, um einen Ganzkörperschleier mit einem Gitter vor den Augen, damit diese auch nicht mehr zu sehen sind. Er ist meist in blauer Farbe zu finden. Getragen wird er zumeist von Frauen und Mädchen in Afghanistan und war ursprünglich eine Tracht der Paschtuninnen. Eine Burqa wird in Deutschland von Musliminnen üblicherweise nicht getragen.

Geflüchtete afghanische Frau in einer Unterkunft in Peshawar 2001 oder 2002

Quelle: Bildausschnitt aus dem Bild "Afghan refugees gathered to receive aids from Khurāsān charity organization" von Feriba Hamidi https://archive.org/details/amrc_200201_cnp_00428_007 [zuletzt abgerufen am: 10.06.2023]

b) Handschuhe

Manche Frauen und Mädchen tragen zusätzlich zu Niqab und Abaiya auch noch Handschuhe, um sich weiter zu verhüllen. Diese haben dann eine schwarze Farbe. Das Tragen von Handschuhen war auf dem Gebiet des sogenannten „Islamischen Staates" vorgeschrieben.

4.3 Sprache

Die Sprache von Islamistinnen und Islamisten ist geprägt von einer Vielzahl arabischer Begriffe. Durch die Nutzung der arabischen Sprache beanspruchen sie eine Nähe zur Religion und auch eine gewisse religiöse Legitimität. Sie wollen sich zudem selbst als religionsgelehrt präsentieren und erheben damit auch einen Deutungsanspruch über den Islam. Ferner drücken sie durch die Nutzung bestimmter Sprachcodes eine Gruppenzugehörigkeit aus. Die Gruppe spricht damit eine eigene Sprache und Begrifflichkeiten sind nur für Mitglieder verständlich.

Dabei müssen die genutzten Begriffe nicht immer in der exakt gleichen Bedeutung verwendet werden, wie ein (heutiger) arabischer Muttersprachler oder eine (heutige) arabische Muttersprachlerin sie nutzen würde, oder auch, wie sie möglicherweise im Koran intendiert waren. Die arabischen Begriffe werden durch Islamistinnen und Islamisten theologisch interpretiert und erhalten dadurch eine eigene Bedeutung.

Beliebt sind in islamistischen Kontexten auch Einfügungen von Originalzitaten aus dem Koran. Eine Person, die mit dem Koran, welcher als Wort Gottes betrachtet wird, vertraut ist oder ihn gar auswendig aufsagen kann (also ein Hafiz ist), wird im Islam besonders geachtet. Ebenfalls gerne genutzt werden Zitate aus den Hadithen. Auch diese dienen der religiösen Legitimation eigener Thesen.

Wie auch bei der Kleidung muss es sich bei Personen, die arabische Begrifflichkeiten in der Alltagskommunikation nutzen, nicht um Islamistinnen und Islamisten handeln. „Alhamdullilah“ (= Gott sei Dank!) kann beispielsweise einfach ein Ausruf einer Muslimin oder eines Muslims als Reaktion auf ein positives Ereignis sein. „Inscha Allah“ bedeutet „so Gott will“ und findet sich oftmals auch in einem allgemein frommen Kontext. Auch der Ausruf „Allahu Akbar“, d.h., „Gott ist groß“ (der sogenannte „Takbir“), taucht u.a. im Gebet, beim Gebetsruf und auch im Alltag frommer Muslime auf. Er wird jedoch auch von Islamistinnen und Islamisten beispielsweise im Kontext von Anschlägen oder im Kampf gerufen.

Der Ausdruck „as-salamu alaykum“ und die passende Antwort „wa-'laykum as-salam“ ist zunächst ein Gruß, bei dem man dem anderen Frieden wünscht. Häufig begrüßen sich jedoch nur Muslime untereinander damit. Er kann also auch abgrenzend genutzt werden.

Weitere Begriffe, die in einem islamistischen Kontext vorkommen können, sind:[59]

Ahl al-Sunna wa-'l-Dschama	Leute der Prophetentradition und der Gemeinschaft (so bezeichnen sich Salafistinnen und Salafisten selbst)[60]
Al-Wala wa-'l-Bara	Loyalität und Lossagung; Konzept der Loyalität der Salafistinnen und Salafisten nur gegenüber der eigenen Gruppe, Abgrenzung und Abwertung von allen anderen gesellschaftlichen Gruppierungen, strikte Dualethik
Bida	Neuerungen, die nicht auf Koran und Sunna zurückgehen und damit als unislamisch betrachtet werden
Daua/Dawa	Mission (Bekehrung zum Islam in der eigenen Auslegung), Propaganda der eigenen politisch-religiösen Überzeugungen
Din, Iman	Religionspraxis, Glauben
Din wa-Dawla (bzw. al-Islam Din wa-Dawla)	Der Islam ist Religion und Staat (keine Trennung der Bereiche)
Dschahannam/Jannaham	Hölle
Dschahil/Jahil	Nichtwissender, Person aus der Zeit der Dschahiliyya; jemand, der die Erkenntnis des Islams noch nicht erlangt hat, Heide
Dschahiliyya/Jahiliyya	Unwissenheit bzw. Ignoranz, bezeichnet ursprünglich die vorislamische arabische Gesellschaft und wurde vom Muslimbruder Sayyid Qutb für das islamistische Denken als Kampfansage gegen autoritäre Herrschaften der islamischen Welt neu definiert.

59 Vgl. auch Kapitel 2.1 zu möglichen unterschiedlichen Schreibweisen von Begriffen.

60 Es können sich jedoch auch nichtsalafistische Gruppierungen so bezeichnen.

Dschanna/Janna, Firdaus	Paradies, höchste Ebene des Paradieses
Dschihad/Jihad	Krieg für den Glauben bzw. die Glaubensgemeinschaft; das Konzept an sich ist komplex, da es auch die Anstrengungen einschließt, die z.B. eine Person zu einem besseren Menschen/Muslim oder einer besseren Muslimin macht („großer Dschihad"); im vorliegenden Kontext ist vor allem der „kleine Dschihad" wichtig, d.h. der (bewaffnete) Kampf zur Verteidigung der Glaubensgemeinschaft und im islamistischen Milieu gegen alle außerhalb der islamistischen „In-Group".
Dunya	Welt (das Diesseits, überwiegend negativ betrachtet)
Fitna	Chaos in der Religionsgemeinschaft, das hauptsächlich von Frauen durch Verführung verursacht wird
Gharib (plural: Ghuraba)	Fremder; laut eines Hadith, nach dem der Islam als etwas Fremdes kam und die Musliminnen und Muslime wieder zu Fremden werden würden, sehen sich Islamistinnen und Islamisten oft in der Rolle der Fremden in ihren jeweiligen Gesellschaften. Sie vergleichen sich diesbezüglich auch gerne mit der Millat Ibrahim (der Gemeinschaft Abrahams), die als „einzig wahre Glaubensgemeinschaft" der feindlichen Umgebung trotzte. Die deutschen IS-Größen Cuspert und Mahmoud hatten vor ihrem Wegzug aus Deutschland die später verbotene Vereinigung Millatu Ibrahim gegründet und über den Medienkanal Ghuraba Media ihre Propaganda verbreitet.

Hakimiyat Allah	Gottesherrschaft; Gegenteil der Dschahiliyya (das Konzept schließt auch die Ablehnung von Demokratie, Parteienpluralismus und Säkularismus ein)
Hidschra/Hijra	Damit ist ursprünglich die Migration Muhammads mit seinen Anhängerinnen und Anhängern von Mekka nach Yathrib (später Medina) gemeint. Damit beginnt die islamische Zeitrechnung (hidschri). Im islamistischen Kontext wird damit die Auswanderung weg von den Ungläubigen und ihren Versuchungen in ein islamisches Land gemeint.
Kafir (Pl. Kuffar)	Ungläubiger (kann alle Personen außerhalb der eigenen Gruppe betreffen)
Kufr	Unglaube
Murtadd (Pl. Murtaddun)	Apostat (Personen, die angeblich nicht dem richtigen Islam folgen bzw. vom Glauben abgefallen seien)
Munafiq (Pl. Munafiqun)	Heuchler (Personen, die (angeblich) nur so tun, als seien sie Musliminnen oder Muslime)
Rafidhi (Pl. Rafidha/Rawafidh)	Person, die den Glauben zurückweist. Abwertender Ausdruck für Schiitinnen und Schiiten, die von sunnitischen Islamistinnen und Islamisten nicht als „wahre" Musliminnen und Muslime betrachtet werden
Schahada/Shahada	Glaubensbekenntnis, Zeugnis und auch: Märtyrertod
Schahid/Shahid	Märtyrer
Scharia/Sharia	Islamisches Rechtssystem
Schirk/Shirk	Beigesellung, Götzendienst, Polytheismus

Taghut (Pl. Tauaghit/Ta-waghit)	Tyrann, der sich auf die gleiche Ebene wie Gott stellt. Typischerweise werden autoritäre Herrscher der islamischen Welt als Tauaghit bezeichnet. Damit wird impliziert, dass sie sich mit Gott verglichen haben, vom Glauben abgefallen sind und getötet werden müssen.
Takfir	jemanden zum Ungläubigen erklären (im Sinne einer Art Exkommunikation)
Tauhid/Tawhid	Einheit und Einzigkeit Gottes (zum Ausdruck dessen z.B. Zeigen des Zeigefingers der rechten Hand)
Umma	(Weltweite) Gemeinschaft der Musliminnen und Muslime

4.4 Anaschid

Bei einem Naschid handelt es sich meistens um ein vertontes Gedicht, das aus einem wiederholt vorgetragenen Refrain und unterschiedlichen Strophen besteht. Der Titel des Naschids orientiert sich dabei in der Regel an der Hauptzeile des Refrains oder den ersten Worten bzw. dem ersten Satz der Hymne.

Der arabische Begriff „Naschid“ (Pl. Anaschid) wird zumeist als „Hymne“ übersetzt. Auch die Landeshymne eines arabischen Landes wird oftmals als „Naschid watani“ (nationale Hymne) bezeichnet. In einem islamischen Kontext werden Anaschid jedoch zumeist als religiöse Gesänge verstanden. Aufgrund ihrer vermeintlich berauschenden, verführerischen und möglicherweise sogar politisch subversiven Wirkung gibt es über Kulturkreise und Epochen hinweg unterschiedliche Auffassungen über die Zulässigkeit von Musik und Gesang im Islam. Mystische islamische Bewegungen (Sufis) haben teilweise typische und raffinierte Musikarten entwickelt, die einen wichtigen Bestandteil ihrer Religionsausübung darstellen. Die südasiatische Qawwali-Musik z.B. integrierte sogar das von christlichen Missionaren importierte Harmonium als Hauptbegleitinstrument des religiösen Gesangs. Gleichzeitig gab es immer wieder Bestrebungen von islamischen Extremistinnen und Extremisten, Musik und Instrumente komplett zu verbieten. Allerdings gibt es unter den zu Verboten neigenden extremistischen Strömungen in dieser Hinsicht Diskrepanzen. Perkussionsinstrumente und einfache Flöten werden in Anlehnung an die überlieferte Prophetentradition eher geduldet als Harmonieinstrumente. Auch darüber, wer letztendlich den Gesang vortragen darf, herrscht keine Einigkeit. Während die pakistanische Qawwali-Sängerin Abida Parveen mit religiösem Gesang zum Weltstar avancierte, verbieten salafistische Prediger den Frauen gerne komplett jegliche Wortäußerung in der Öffentlichkeit mit der Begründung, dass bereits die weibliche Stimme „Aura", also ein Intimbereich der Frau sei, der Männer sexuell verführen und die Religionsgemeinschaft (Umma) in das Chaos (Fitna) stürzen könnte. Kinder beiderlei Geschlechts dürfen in der Regel religiöse Gesänge vortragen.

Einen Naschid per se als Element eines extremistischen bzw. islamistischen Religionsverständnisses zu werten, ist daher falsch. Es gibt unzählige Anaschid mit oder ohne Begleitung, die von Kindern, Frauen oder Männern vorgetragen werden, die in keinerlei Beziehung zu einer extremistischen Ideologie stehen.

Islamistische Gruppierungen haben sich Anaschid angeeignet, um ihre Propaganda zu verbreiten. Im wenig musikalischen Saudi-Arabien – welches von einer extremistisch-islamistischen Staatsideologie, dem Wahhabismus (siehe Kapitel 7.1.1 Der Wahhabismus), beherrscht wird, die dazu tendiert, Musik so weit wie möglich zu verbieten – wurde die erste Fatwa zum Thema Anaschid offenbar erst auf eine Anfrage hin im Jahr 1980 vom „Ständigen Ausschuss für wissenschaftliche Forschung und Rechtsgutachten, sowie für Mission und Rechtleitung im Königreich Saudi-Arabien" erlassen.[61] Der Islamwissenschaftler Behnam T. Said kommt in seiner Dissertation zu dem Schluss, dass die Anaschid vermutlich über aus Ägypten und Syrien eingewanderte Muslimbrüder ab den 1960er-Jahren nach Saudi-Arabien importiert worden sind.[62] Aus diesem Grund beinhalteten diese Texte bereits klare politische Anliegen.

Es gibt unterschiedliche Phasen der Entstehungsgeschichte zeitgenössischer Anaschid. Die frühen politischen Anaschid der 1980er- und 1990er-Jahre unterscheiden sich beispielsweise laut Said wesentlich von den dschihadistischen Gesängen, welche ab dem Ende der 1990er-Jahre produziert wurden. Während die politischen palästinensischen Hymnen noch mit Trommeln oder Synthesizern begleitet wurden, wurden die dschihadistischen Gesänge nur noch *a capella* vorgetragen. Von den Texten sind schließlich zur Kampfmotivation im Dschihadismus dann nur noch die radikalsten übernommen worden.[63] Gleichzeitig nutzten islamistische Organisationen immer die modernsten technologischen Mittel zur Verbreitung ihrer Ideologien. Eine der ersten dschihadistischen Videoproduktionen überhaupt, welche zugleich einen Naschid einspielte, ist laut Said im Jahr 1996 unter dem Titel „Uschschaq

61 Said, 2016, S. 75.

62 Ebenda, S. 76.

63 Ebenda, S. 78.

asch-Schahada“ (die Liebenden des Martyriums) entstanden. Es handelt sich dabei um eine Dokumentation verschiedener gefallener Dschihadisten, u.a. im Afghanistan- und im Jugoslawienkrieg.[64]

Obwohl auch Osama Bin Laden früh die Wichtigkeit des Medienkriegs erkannt hatte und stets darauf bedacht war, den arabischen Fernsehsender al-Jazeera regelmäßig mit Videokassetten zu beliefern, bot vor allem die Entwicklung des Internets ab der Jahrtausendwende nie dagewesene Möglichkeiten zur schnellen Verbreitung von Propagandamaterial. Anfänglich nutzten extremistische Organisationen vor allem Internetforen, um Text-, Audio- und Bildmaterial zu verbreiten.

Ab 2013 gelang der terroristischen Vereinigung „Islamischer Staat“ (IS) ein revolutionärer Durchbruch in der Verwendung sämtlicher zur Verfügung stehender sozialer Medien. Die offiziellen IS-Propagandistinnen und -Propagandisten im Zusammenspiel mit ihrem medienaffinen Publikum fluteten diese Kanäle mit ausgeklügelter Taktik und stellten die Foren der al-Qaida komplett in den Schatten. Als hauptsächliche Medienstelle zur Produktion von Anaschid, die in der Zeit der größten territorialen Herrschaft des IS in Syrien und im Irak auch als Radiostation operativ war, diente Muassasat al-Adschnad/Ajnad Media Foundation.

Logo der Ajnad Media Foundation.

Diese produzierte über 50 Anaschid in Studioqualität in Zusammenarbeit mit Sängern, die teilweise davor in ihren Heimatländern bekannte Naschidgrößen waren, wie z.B. der Saudi-Araber Mahir Mishal (Abu az-Zubair al-Dschasrawi), oder die davor für al-Qaida gesungen hatten wie der Jemenit Ghalib Ahmad Baqaiti (Abu Hadschar al-Hadrami). Hadrami hatte vor seiner Kriegsteilnahme bereits im Irakkrieg gekämpft, war danach einige Jahre in Syrien und im Jemen inhaftiert, bevor er gemeinsam mit vielen hochrangigen AQAP-Mitgliedern im Jahr 2011 fliehen konnte und später wieder im syrischen Bürgerkrieg

64 Ebenda, S. 83.

als Sänger und Kämpfer in Erscheinung trat.[65] Die Sänger des IS gelangten zu Ruhm und Ansehen nicht nur wegen ihrer künstlerischen und propagandistischen Leistung, sondern ebenfalls als ausgereiste Kämpfer.

Aufgrund der längeren Tradition und der direkten Verbindung der arabischen Hymnen zur Dichtung in einer komplizierten Hochsprache sind auch die IS-Propagandagesänge trotz ihrer teilweise ausgesprochen blutrünstigen Inhalte erstaunlich kunstvoll gestaltet. Die arabische Hochsprache wird dermaßen poetisch und metaphorisch eingesetzt, dass sicherlich viele, die der arabischen Hochsprache nicht mächtig sind, dem Text gar nicht komplett folgen können. Auch musikalisch sind die Gesänge durchaus auf einem anspruchsvollen Niveau. Die Kombination von kunstvoller Musik mit Bildern von Verbrechen gegen die Menschlichkeit kennzeichnet die IS-Filmproduktion und wirkt auf das unbedarfte Publikum wie eine absurde Zurschaustellung des Bösen. Um einen Eindruck zu gewinnen, könnte sich die nichtarabischkundige Person vorstellen, dass hochaufgelöste Szenen langsamer Hinrichtungen, in denen Menschen die Kehlen durchgeschnitten werden und in denen viel Blut spritzt, mit Arien von Richard Wagner musikalisch begleitet werden. Das Zusammenspiel von menschenverachtender Grausamkeit und dichterisch-musikalischer Genialität wäre darin ähnlich.

Während also sogar die arabischen IS-Anaschid sich künstlerisch – sowohl sprachlich als auch melodisch – auf einem ausgesprochen hohen Niveau bewegen, sind ihre deutschen, französischen und englischen Gegenstücke allenfalls mit schlechtem Gangsterrap vergleichbar. Am berühmtesten wurde im deutschsprachigen Raum der ehemalige Rapper Deso Dogg (Denis Cuspert) alias Abou Maleeq oder Abu Talha al-Almani mit seinen deutschen IS-Hymnen.

65 Siehe z.B. das „Erste Interview mit dem Munaschid des IS-Naschids „Das Klingen der Schwerter“. : أول حوار مع منشد „صليل الصوارم” الداعشى بالصوره, in: Ahram Canada, 05.03.2015.

Textauszug aus dem arabischen IS-Naschid „Unsere Scharia“	**Textauszug aus dem deutschen Naschid von Denis Cuspert „Ich habe meinen Weg gewählt“**
Die Scharia unseres Herrn ist ein schillerndes Licht. In uns wurden edle Verdienste und Vorzüge geweckt. Unsere Scharia, oh ihr Leute, bedeutet Sicherheit Für all diejenigen, deren Schiffe und Reichtümer versunken sind. Die Ruhestätte des Kalifats ist aufgeblüht im Dschihad. In seine Ländereien wurden Männer gebracht, Verkünder der wahren Botschaft, Herausforderer. Nach dem Gesetz Gottes haben sie geschlagen und getroffen.	Mutter sei nicht traurig wegen meines Fortseins, ich habe mich eschlossen [sic!] in die Schlacht zu ziehen. So wische deine Tränen, oh Mutter, besser ein [sic!], um die Juden zu vertreiben entferne sich mein Heim! Um die Juden zu vertreiben entferne sich mein Heim! Entschuldigung, oh Vater, verliebt in den Dschihad, um Muslime zu beschützen fi sabil Illah [auf dem Wege Gottes]. Die Kreuzritterarmee führt ihre Unterdrückung fort. Ich sehe hier meine Geschwister in Deutschland sind am Schlafen. Ich sehe meine Geschwister in Deutschland sind am Schlafen. Oh du meine Frau, sei geduldig, wenn ich sterbe. Sei stolz, denn mit mein Tod [sic!] bin ich ein Schahid [Märtyrer].

Im Gegensatz zu den aus künstlerisch-musikalischer und sprachlicher Perspektive kaum vergleichbaren Qualitätsunterschieden zwischen den hocharabischen Gedichten und Cusperts Anaschid-Produktionen sind sich die dschihadistischen Gesänge der jüngsten Vergangenheit inhaltlich sehr ähnlich. Sie predigen den islamistischen Opferdiskurs einer Dauerverfolgung von Musliminnen und Muslimen. Sie verherrlichen die Rückkehr eines islamischen Staates bzw. des Kalifats, in dem Gottesgerechtigkeit – die Scharia – herrscht, und der die alte Größe der muslimischen Welt zurückbringt. Die Männer werden zu einer heroischen Kampfteilnahme aufgefordert und als Märtyrer verehrt. Die Frauen werden dazu angehalten, die Männer zu unterstützen und stoisch zu ertragen, wenn diese im Kampf fallen. Typisch sind auch – wie hier in Cusperts Naschid – antisemitische Elemente, die nicht selten mit dem Aufruf zur „Rückeroberung“ Jerusalems einhergehen.

Aber nicht nur zur allgemeinen Kampfaufforderung oder zur moralischen Unterstützung der Heimfront werden dschihadistische Anaschid gesungen. Auch zu spezifischen Ereignissen wurden solche Kampfeshymnen komponiert, z.B. um Schlachten zu glorifizieren. Der IS-Naschid „Das ist die stolze [Stadt] Baidschi" wurde der gleichnamigen irakischen Stadt gewidmet, die im Juni 2014 vom IS erobert wurde. Baidschi befindet sich 200 km nördlich von Bagdad und hat eine große Ölraffinerie. Diese und auch die Lage an der Straße zwischen Bagdad und Mosul machen die Stadt zu einem strategisch wichtigen Knotenpunkt. Die Stadt verblieb über ein Jahr (bis zur Befreiung durch die irakische Armee im Oktober 2015) unter IS-Herrschaft. Während dieser Zeit wurde sie als Hauptstadt des „IS-Landes" (Wilaya) Salah ad-Din verwaltet.

Aus der IS-Herrschaftszeit in Baidschi sind mindestens zwei offizielle Filme bekannt, in denen der Naschid „Das ist die stolze [Stadt] Baidschi" als Soundtrack benutzt wurde, um Kriegsverbrechen (u.a. die Enthauptung zahlreicher Opfer) zu verherrlichen.[66]

Der komplette Text des Naschids lautet wie folgt:

Arabische Transkription	Übersetzung
منك جائتنا الرسائل ان كيد الكفر زائل	Von Dir sind Botschaften zu uns gekommen, dass die List des Unglaubens vorübergehend ist.
زلزليهم بالقنابل حاوري بالمدفعية	Schüttle sie mit Bomben! Kommuniziere durch die Artillerie
هذه بيجي الأبية قلعة المجد العصية	Das ist die stolze [Stadt] Baidschi, Festung des Ruhms, die Rebellische.
معقل الابطال بيجي والرماح السمهرية	Eine Bastion der Helden ist Baidschi und der starken Speere.
منك جائتنا الرسائل ان كيد الكفر زائل	Von Dir sind Botschaften zu uns gekommen, dass die List des Unglaubens vorübergehend ist.
زلزليهم بالقنابل حاوري بالمدفعية	Schüttle sie mit Bomben! Kommuniziere durch die Artillerie!
... منك جائتنا الرسائل ان كيد الكفر	Von Dir sind Botschaften zu uns gekommen, dass die List des Unglaubens ...

66 Al-I'tisam Media: Vivid Messages From The Becillus City Of Bayji#2 [sic!], 2015 und Wilaya Ala al-Din: „Bayji: The Castle of Steadfastness – Wilayat Salah al-Din", 2015.

هذه بيجي الأبية قلعة المجد العصية	Das ist die stolze [Stadt] Baidschi, Festung des Ruhms, die Rebellische.
معقل الابطال بيجي والرماح السمهرية	Eine Bastion der Helden ist Baidschi und der starken Speere.
منك جائتنا الرسائل ان كيد الكفر زائل	Von Dir sind Botschaften zu uns gekommen, dass die List des Unglaubens vorübergehend ist.
زلزليهم بالقنابل حاوري بالمدفعية	Schüttle sie mit Bomben! Kommuniziere durch die Artillerie!
سيفك اليوم ينادي مزقي الكفر الاعادي	Dein Schwert ruft mir heute zu: „Zerstöre den feindlichen Unglauben!
واطرديهم من بلادي شردي جيش البغية	Und vertreibe sie aus meinem Land, verjage die Armee der Unterdrücker!
اسرجي خيل المنون وامتطي نور اليقين	Sattle das Pferd des Todes und reite das Licht der Sicherheit!
واهدمي كل الحصون واحصدي راس البقية	Und leite alle Belagerten und mähe/ernte die Köpfe der Übrigen!
واهدمي كل الحصون واحصدي راس البقية	Und leite alle Belagerten und mähe/ernte die Köpfe der Übrigen!
هذه بيجي الأبية قلعة المجد العصية	Das ist die stolze [Stadt] Baidschi, Festung des Ruhms, die Rebellische.
معقل الابطال بيجي والرماح السمهرية	Eine Bastion der Helden ist Baidschi und der starken Speere.
منك جائتنا الرسائل ان كيد الكفر زائل	Von Dir sind Botschaften zu uns gekommen, dass die List des Unglaubens vorübergehend ist.
زلزليهم...	Schüttle sie ...

Aus der Perspektive der Sicherheitsbehörden muss bezüglich des Verbreitens und Vortragens dschihadistischer Anaschid daher Folgendes berücksichtigt werden:

- Unter Umständen ist der Naschid einer spezifischen verfassungswidrigen oder terroristischen Organisation zuzuordnen, wie z.B. dem IS, der HAMAS oder der al-Qaida auf der Arabischen Halbinsel.
- Im Naschid können sowohl antisemitische als auch deutschlandfeindliche Aussagen enthalten sein.
- Anaschid können implizite Aufforderungen zum Begehen von Straftaten enthalten.
- Die meisten Texte dschihadistischer Anaschid sind mit der freiheitlichen demokratischen Grundordnung nicht vereinbar, weil sie für einen islamischen Staat mit der Scharia als universale Gesetzgebung werben.
- Personen, die nicht derselben islamistischen Ideologie angehören, werden in dschihadistischen Anaschid zumeist als Apostaten oder Ungläubige herabgewürdigt und entmenschlicht.
- Anaschid wurden wiederholt als Soundtrack von Filmen verwendet, die Verbrechen gegen die Menschlichkeit als Propaganda zeigten.
- Sie sind oft sprachlich kompliziert und die strafbaren Inhalte daher nicht immer auf den ersten Blick zu erkennen. Eine genaue Übersetzung und Interpretation ist daher nötig.

Zusammenfassung

- Islamistinnen und Islamisten nutzen Flaggen, Kleidung, Sprache und Symbole, um eine Gruppenzugehörigkeit auszudrücken und um sich von anderen Menschen (Nichtmusliminnen und Nichtmuslimen bzw. Personen, die sie als Nichtmusliminnen und Nichtmuslime betrachten) abzugrenzen.
- Je nach Gruppierung werden Flaggen in den Farben Schwarz, Weiß, Grün und Gelb bevorzugt.
- Wichtige Symbole sind der Koran, die Kalaschnikow, das Glaubensbekenntnis, der Felsendom oder die Kaaba, die Weltkugel und beim IS das Prophetensiegel.
- Weitere Symbole sind grüne Vögel, der „Tauhidfinger" und Löwen.
- Männliche Salafisten versuchen hinsichtlich der Kleidung, dem Vorbild Muhammads und der frühen Muslime zu folgen.
- Das Ziel der Kleidung von Frauen und Mädchen ist vor allem die vermeintlich göttlich gewollte Verhüllung vor den Blicken fremder Männer und die Verhinderung der Spaltung (Fitna) der Gemeinschaft durch einen Kampf der Männer, der dadurch entstehen könnte.
- Die Art der Kleidung kann Hinweise auf die Herkunft und Gruppenzugehörigkeit der Trägerin oder des Trägers geben.
- Durch die Nutzung arabischer Begriffe wird neben der Gruppenzugehörigkeit eine vermeintliche göttliche Legitimation der eigenen Meinung ausgedrückt. Die Personen wollen sich als religionsgelehrt und als Autoritäten in Glaubensfragen darstellen.
- Zur musikalischen Untermalung der Propaganda nutzen islamistische Vereinigungen Anaschid (Hymnen).
- Anaschid können Symbole einer bestimmten Vereinigung sein.
- Anaschid können strafrechtlich relevante Inhalte haben.

5 Radikalisierungsverläufe

5.1 Gründe für Radikalisierungen

Radikalisieren können sich prinzipiell alle Menschen, unabhängig von der sozialen oder geografischen Herkunft und unabhängig von ihrem Alter. Besonders vulnerabel sind jedoch Jugendliche/junge Erwachsene in der Selbstfindungsphase und diese werden auch gezielt von extremistischen Gruppierungen aller Phänomenbereiche angesprochen. So findet sich auch ein besonders jugendaffines Auftreten extremistischer Gruppierungen im Internet.

Die Gründe für eine Radikalisierung sind vielfältig und hängen zum Teil miteinander zusammen.

Gründe für eine Radikalisierung können sein:

- persönliche Lebenskrisen
- das Gefühl von Diskriminierung (z.B. aufgrund von Rassismus, Fremdenfeindlichkeit oder religiöser Intoleranz)
- fehlende Bezugspersonen (insbesondere die Abwesenheit des Vaters oder anderer männlicher Vorbilder bei Jungen)
- familiäre Konflikte
- schulische Probleme
- Beeinflussung durch das soziale Umfeld
- Traumata
- wirtschaftliche und soziale Benachteiligung

Dabei kann man oftmals nicht nur eine bestimmte Ursache für eine Radikalisierung ausfindig machen. Der Grund dafür liegt darin, wie Michael Logvinov richtig hervorhebt, dass diese personellen Risikofaktoren so unspezifisch sind, dass „sie gleichzeitig für Kriminalität, dissoziales Verhalten, Drogenabhängigkeit und psychische Störungen ursächlich sein können.“[67] Zugleich gibt es aber auch Menschen, die solche Erlebnisse oder Gegebenheiten aufweisen und ein völlig unauffälliges und unbeschadetes Leben führen. Es gibt also offenbar Personen, die resilienter gegen eine Radikalisierung sind als andere. Hier kann z.B. auch die Prävention einsetzen. Zudem gibt es keine monokausalen Erklärungen für Radikalisierungen. Nicht immer ist eine Radikalisierung beispiels-

67 Michail Logvinov, ohne Datum.

weise allein mit Diskriminierung aus religiösen Gründen oder schwierigen sozialen Umständen etc. erklärbar. Zum einen, weil sich nicht alle Personen radikalisieren, die solchen Lebensumständen ausgesetzt sind. Zum anderen gibt es auch in Ländern mit muslimischer Mehrheitsbevölkerung Menschen, die sich radikalisieren. Auch wirtschaftlich-soziale Aspekte spielen nicht immer eine (alleinige) Rolle, wie man etwa am Beispiel Osama Bin Ladens sieht. Der saudische Multimillionär stammte nicht aus sozial benachteiligten Verhältnissen und wurde trotzdem zum Dschihadisten. Auch viele der Attentäter der Hamburger Zelle wiesen ein hohes Bildungsniveau auf und stammten nicht aus prekären Lebensverhältnissen (siehe dazu Kapitel 10.1 Hamburger Zelle). Radikalisierung ist eine hochkomplexe Entwicklung, die durch unterschiedliche Faktoren beeinflusst werden kann.

Auf die Möglichkeit, dass eine Person dabei ist, sich zu radikalisieren, können verschiedene Faktoren hindeuten.

Anzeichen einer Radikalisierung können sein:

- ein gesteigertes Interesse an Religion (insbesondere Einhalten religiöser Regeln)
- ein bestimmter gruppentypischer Kleidungsstil (insbesondere eine starke Veränderung des persönlichen Kleidungsstils)
- eine bestimmte gruppentypische Ausdrucksweise (dabei starke Differenzierung von In-Group und Out-Group)
- der Konsum von Online-Propaganda extremistischer Gruppierungen
- das Hören von extremistischen Anaschid (siehe Kapitel 4.4 Anaschid)
- der Besuch bestimmter Moscheen oder „Islam-Seminare“ und/oder die Beteiligung an Daua-Aktivitäten (Missionierung, z.B. Verteilung von Propagandaschriften in Fußgängerzonen)
- das Ablehnen von Personen außerhalb der Gruppe (z.B. nicht mehr mit „ungläubigen“ Freunden zum Fußball gehen)
- das Befürworten und Befolgen einer Geschlechtersegregierung und Vorschreiben spezifischer Geschlechterrollen: nicht neben Mädchen oder Jungen in der Schule sitzen wollen (Vermeidung aller Kontakte zum jeweils anderen Geschlecht)
- und zuletzt: ausreisen in ein Dschihad-Gebiet, Straftaten im PMK-Bereich oder Anschlagsvorbereitungen oder Anschläge

Es ist wichtig, die jeweiligen Anzeichen im Kontext zu betrachten. Das Interesse an Religion allein bedeutet beispielsweise noch nicht, dass jemand sich radikalisiert (hat), sondern ist in Kombination mit anderen Einstellungs- oder Verhaltensäußerungen zu sehen.

5.2 Verläufe

Radikalisierung ist ein höchst individueller Prozess, für den es keinen „idealtypischen" Verlauf gibt. Die Dauer vom Beginn einer Radikalisierung bis zu einer Ausreise, zu Anschlagsvorbereitungen oder einem Anschlag kann unterschiedlich lang sein. Es gibt Menschen, die sich über Jahre radikalisieren, bei manchen dauert dies nur wenige Monate oder gar Wochen. Nicht alle Personen, die sich radikalisieren, schließen sich einer Terrorgruppe an bzw. verüben Anschläge. Eine begonnene Radikalisierung muss nicht in Gewalt münden. In einigen Fällen wird die Radikalisierung unterbrochen bzw. gelingt eine Deradikalisierung, z.B. unter Einbezug zivilgesellschaftlicher Träger, die darauf spezialisiert sind, wie etwa HAYAT-Deutschland oder Violence Prevention Network gGmbH. Andere Personen verharren zudem auf einem bestimmten Niveau der Radikalisierung. Es gibt zahlreiche Modelle, die versuchen zu erklären, wie Radikalisierungen von Menschen verlaufen.

Die VHS hat unter folgendem Link beispielhaft einige fiktive Radikalisierungsverläufe zusammengestellt: https://vhs-ehrenamtsportal.de/wissen/integration/integration/beispielhafte-radikalisierungsverlaeufe-von-jugendlichen-und-erwachsenen [abgerufen am 18.02.2023].

5.3 Dschihadistische Täterprofile

Generell kategorisiert man dschihadistische Täterinnen und Täter in drei große Gruppen. Es handelt sich dabei um Grobkategorien, die in sich deutlich komplexer sind als diese einfache Kategorisierung. Sie dient jedoch einer Einordnung und verdeutlicht übersichtlich das Täterprofil der jeweiligen Attentäterin bzw. des jeweiligen Attentäters. Die gleiche Art der Kategorisierung gilt z.B. auch für rechtsextremistische Täterinnen und Täter. Sie ist daher nicht auf den Dschihadismus beschränkt oder eine nur diesem Phänomenbereich eigene Kategorisierung. Im Folgenden werden aufgrund des thematischen Bezuges des Buches jedoch ausschließlich Dschihadistinnen und Dschihadisten als Beispiele genannt.

5.3.1 „Lone Wolf“

Der Begriff „Lone Wolf“ (auf Deutsch: „Einsamer Wolf“)[68] bezeichnet eine Täterin oder einen Täter, die oder der einzeln handelt und nicht durch eine Gruppe unterstützt wird. Er oder sie wählt Ort, Zeitpunkt und Methode des Anschlags selbstständig aus. Dadurch, dass er oder sie alleine handelt, ist diese Person für Polizei und Nachrichtendienste im Vorhinein nur schwer greifbar.

Beispiel: Attentat am Frankfurter Flughafen durch Arid Uka im Jahr 2011

Am 02.03.2011 verübte der in Frankfurt am Main lebende Kosovare Arid Uka (geb. 1990), bewaffnet mit einer Pistole, einen Anschlag auf US-Soldaten am Frankfurter Flughafen. Zwei der Opfer wurden getötet und zwei schwer verletzt. Die US-Soldaten sollten mit einem Bus zur Ramstein Air Base gebracht werden und von dort nach Afghanistan fliegen. Als Grund für das Attentat gab Uka an, dass er einen Videoclip gesehen habe, in dem US-Soldaten ein afghanisches Mädchen vergewaltigen. Bei dem Videoclip handelte es sich um einen Spielfilmausschnitt eines amerikanischen Anti-Kriegsfilmes über ein Kriegsverbrechen amerikanischer Soldaten im Irakkrieg (siehe Kapitel 10.5 Arid Uka).

Uka kann als Beispiel für einen „Lone Wolf“ gelten. Allerdings hatte er offenbar auch Kontakte zu anderen Islamisten wie Abdellatif Rouali und Denis Cuspert. Zudem suchte Uka islamistische Diskussionsforen im Internet auf, in denen er auch Beiträge veröffentlichte. Auch ein „Lone Wolf“ radikalisiert sich daher nicht im luftleeren Raum, sondern hat eine Bezugscommunity – und wenn diese online ist. Ferner kann er durch sein soziales Umfeld so geprägt sein, dass er besonders anfällig für eine extremistische Radikalisierung ist (zu dem Anschlag von Arid Uka siehe auch die Kapitel 6.3 und 10.5).

Weitere Beispiele für Anschläge durch „einsame Wölfe“ sind etwa das am 12.06.2016 durch Omar Mateen auf einen Nachtclub für queere Menschen in Florida verübte Attentat. Der amerikanische Staatsbürger und Sohn afghanischer Einwanderer tötete 49 Menschen und verletzte 43 weitere Personen. Auch bei dem palästinensischen Asylbewerber Ahmad Alhaw, der

68 Der „Lone Wolf“-Attentäter kommt ursprünglich aus dem rechtsextremen Milieu. Kurz vor dem Ende des Zweiten Weltkrieges wurde von Heinrich Himmler die Bildung von „Werwolfgruppen“ zur Infiltration und Sabotage hinter Feindeslinien befohlen. Diese Idee und die dazugehörige Schrift „Werwolf – Winke für Jagdeinheiten“ wurde von US-amerikanischen Nazis rezipiert und zum Prinzip eines führerlosen Widerstands weiterentwickelt, bei dem auch Einzelne ohne direkten physischen Gruppenbezug im Namen der Bewegung und gemeinsamen Ziele Attentate verüben sollten.

am 28.07.2017 in einem Hamburger Supermarkt einen Mann mithilfe eines Messers erstach und fünf weitere Menschen verletzte, handelte es sich um einen „einsamen Wolf" (zu Anschlägen von „einsamen Wölfen" siehe auch Kapitel 6.3).

5.3.2 Anschlag mit loser Anleitung durch Organisation

Bei einem solchen Anschlag handelt es sich um ein Attentat, das durch eine Organisation lose angeleitet wird, d.h., die Person ist kein ausschließlich selbstradikalisierter Einzeltäter, wird aber auch nicht durch die Organisation trainiert und entsandt. Anhand des folgenden Beispiels werden die Charakteristika deutlich.

Beispiel: Attentat auf den Weihnachtsmarkt auf dem Berliner Breitscheidplatz im Jahr 2016

Am 19.12.2016 verübte der Tunesier Anis Amri mithilfe eines Sattelzuges ein Attentat auf Menschen auf dem Weihnachtsmarkt auf dem Berliner Breitscheidplatz. Er hatte den Sattelzug zuvor von dem polnischen Fahrer gestohlen und diesen getötet. Insgesamt starben bei dem Anschlag 13 Menschen (einschließlich des Fahrers des durch Amri geraubten Sattelzuges) und fast 100 Personen wurden zum Teil schwer verletzt. Der IS reklamierte das Attentat in der Folge für sich.[69] Der IS-Nachrichtenkanal Amaq veröffentlichte ein Video, auf dem Anis Amri zu sehen sei, der dem damaligen „Kalifen" des sogenannten „Islamischen Staates", Abu Bakr al-Baghdadi, die Treue schwört.[70] Sowohl für das Bekenntnis zur Tat als auch für das Veröffentlichen des Videos wurde Telegram genutzt.[71] Eine Auswertung des Handys von Anis Amri zeigte, dass er in Kontakt mit Vertretern des IS stand und diese ihn zu dem Anschlag in Deutschland drängten.[72] Über das Handy bestand auch Kontakt zu Gesinnungsgenossen in Berlin und im Ruhrgebiet.[73] Vor Kontakten Anis Amris zum IS hatte vor der Tat auch der marokkanische Geheimdienst den BND gewarnt[74] (zu dem Attentat auf dem Breitscheidplatz siehe auch Kapitel 10.8).

Weitere Beispiele für Anschläge mit loser Anleitung durch eine Organisation sind etwa der am 16.04.2016 auf einen Essener Sikh-Tempel verübte Anschlag mit drei verletzten Menschen. Täter waren zwei in Deutschland ge-

---

69 Faz.net, 20.12.2016.

70 Welt.de, 23.12.2016.

71 Warrick, 2016.

72 Mascolo, 2017.

73 Welt.de, 29.12.2016.

74 Beau, 2017.

borene 16-jährige Jugendliche.[75] Auch Anschlagsversuche in Ludwigshafen im Jahr 2016 fallen in diese Kategorie. So wurde am 26.11.2016 auf dem dortigen Weihnachtsmarkt ein Sprengsatz aus Wunderkerzen und Feuerwerkskörpern gefunden, der mit Nägeln präpariert war. Allerdings war sein Zündmechanismus defekt. Am 05.12.2016 wurde am Rathausplatz in Ludwigshafen ein Rucksack mit einem ähnlichen Sprengsatz aufgefunden. Aufgrund der fehlerhaften Bauweise explodierte keiner der beiden Sprengsätze, sodass niemand getötet oder verletzt wurde. Tatverdächtig war ein erst 12-jähriger Junge und damit die jüngste Person, die jemals in Deutschland einen solchen Anschlag verüben wollte. Der Junge war in Ludwigshafen geboren und hatte die deutsche und irakische Staatsbürgerschaft. Für seine Tat erhielt er vom IS Anweisungen über Telegram.[76]

5.3.3 Anschlag von ausgebildeten Mitgliedern einer Terrororganisation

Anschläge von ausgebildeten Mitgliedern einer Terrororganisation zeichnen sich oftmals durch eine höhere Komplexität aus als die oben genannten. Die Attentäter haben ein Training erhalten, was beispielsweise Waffen und Taktik betrifft. Zudem werden sie durch die Terrororganisation nicht nur ideologisch, sondern auch logistisch unterstützt. Dies hat u.a. die Auswirkung, dass bei Anschlägen dieser Art deutlich höhere Zahlen an Toten und Verletzten zu beklagen sind als bei den beiden bisher genannten Kategorien. Gleichzeitig sind solche Attentate aber auch einfacher durch die Zusammenarbeit verschiedener Sicherheitsbehörden vermeidbar, weil sie viel Logistik, Kooperation und Kommunikation voraussetzen.

Beispiel: Koordinierte Anschlagsserie in Paris im Jahr 2015

Am 13.11.2015 verübten Attentäter eine koordinierte Anschlagsserie auf den Konzertsaal „Bataclan", auf das Stadion und Bars und Restaurants in Paris. Insgesamt wurden 130 Menschen getötet und 683 verletzt. Der IS bekannte sich nach der Tat zu dem Anschlag. Es handelte sich um ein komplexes Vorgehen, d.h., die Attentäter nutzten Schusswaffen, nahmen Geiseln und es kam zu Detonationen mittels Sprengstoffwesten (zur Inghimasiun-Methode siehe auch Kapitel 6.4).

Weitere Beispiele für solche Arten von Anschlägen sind etwa der Anschlag auf das Diplomatenviertel am 31.05.2017 in Kabul, bei dem u.a. auch die deut-

75 Faz.net, 22.04.2016.

76 Decker, 2016.

sche Botschaft schwer beschädigt wurde. Insgesamt starben mindestens 150 Menschen und mehr als 400 Personen wurden verletzt, als ein mit Sprengstoff gefüllter Abwassertanklaster detonierte. Hinter diesem Anschlag steht vermutlich das „Haqqani-Netzwerk", eine Terrororganisation, die inzwischen sogar den Innenminister des neugegründeten Taliban-Emirats Afghanistan stellt.[77] Auch die Serie von Terroranschlägen am Ostersonntag des Jahres 2019 in Sri Lanka in oder nahe der Stadt Colombo fällt in diese Kategorie. Hier wurden gezielt Kirchen und Hotels durch acht Selbstmordattentäter angegriffen. Mindestens 253 Menschen starben und 485 weitere wurden verletzt. Die Selbstmordattentäter gehörten der Terrorgruppe „National Towheeth Jama'ath" an, welche enge Kontakte zum IS unterhält[78] (zu spektakulären Anschlägen mit vielen Toten und Verletzten siehe auch das gleichnamige Kapitel 6.3).

5.4 Präventionsmöglichkeiten

Wie oben deutlich wurde, sind die Gründe für eine Radikalisierung vielfältig und oftmals multifaktoriell. Zudem können sich prinzipiell alle Menschen aller gesellschaftlichen Gruppen und jeden Alters radikalisieren, obwohl gerade junge Menschen besonders vulnerabel sind. Es ist daher notwendig, dass auch die Prävention von Radikalisierung multifaktoriell und gesamtgesellschaftlich ansetzt. Was nicht möglich ist, ist, von vorneherein festzustellen, wer sich radikalisieren wird und wer nicht. Die Prävention selbst ist eine gesamtgesellschaftliche Aufgabe und in dieser gibt es verschiedene Akteure. Man unterscheidet Maßnahmen der Primär-, Sekundär- und Tertiärprävention. Auf einzelne beispielhafte Maßnahmen, zivilgesellschaftliche Träger und die Rolle der polizeilichen Prävention wird genauer in Kapitel 12.2 und 12.3 eingegangen.

In der heutigen Forschung wird oftmals der Einfluss des Internets auf die Radikalisierung als ein zentrales Element dargestellt. Dies ist jedoch, wie bereits deutlich wurde, nicht der einzige Faktor. Das Internet alleine verursacht keine Radikalisierung und treibt diese nicht alleine voran, sondern die Radikalisierung ist häufig verbunden mit dem persönlichen Kontakt, z.B. zu einem radikalen Prediger, und ist nicht losgelöst zu sehen von dem Kontext, in dem ein Kind oder ein Jugendlicher aufwächst.

Prävention setzt im Rahmen der Primärprävention allgemein mit Initiativen zur Demokratiebildung, die alle Kinder und Jugendlichen betreffen, an. Auch die kritische Medienkompetenz von Kindern und Jugendlichen, aber auch

77 Böge, 2017.

78 Burke, 2019.

der Eltern selbst, wird gefördert. Eltern sollten wissen, was ihre Kinder im Internet ansehen, und mit diesen darüber sprechen. Zudem besteht z.B. auch die Möglichkeit, den Online-Zugang für Kinder und Jugendliche zu beschränken, um den Besuch möglicher extremistischer Seiten zu vermeiden. Es gibt Initiativen zur Förderung kritischer Medienkompetenz, die Schülerinnen und Schüler beispielsweise darin unterstützen, kritisch mit Fake News und anderen Inhalten im Internet umzugehen, und sie auch darauf vorbereiten, dass Menschen im Internet versuchen können, sie zu radikalisieren. Im Unterricht könnte das Thema Radikalisierung besprochen werden, ähnlich wie das Thema „Sekten“ und deren Vorgehen im Religionsunterricht der 7. Klasse in Hessen thematisiert wird. Kinder und Jugendliche, die zu diesem Thema informiert sind, fallen nicht so leicht auf extremistische Gruppierungen und deren Methoden herein. Medienkompetenz sollte vermittelt werden ab dem Zeitpunkt, ab dem Kindern Zugang zum Internet offen zur Verfügung gestellt wird. Das beginnt spätestens im Grundschulalter, häufig auch im Austausch mit älteren (Geschwister-)Kindern.

Es ist notwendig, die Resilienz von jungen Menschen zu stärken, damit diese nicht durch extremistische Gruppierungen angeworben werden können. Hier kann auch generell die Stärkung einer integrativen Gesellschaft förderlich sein, zu der verschiedene gesellschaftliche Träger beitragen können.

Wenn eine Lehrerin oder ein Lehrer sich Sorgen machen, dass in ihrer Klasse ein oder mehrere Schülerinnen und/oder Schüler sich radikalisieren, können sie zudem auch konkret zivilgesellschaftliche Trägervereine hinzuziehen, die in diesem Phänomenbereich spezialisiert sind und dem entgegenwirken können. Hier kann beispielsweise auch der Präventionsbereich der Polizei (als separater Bereich) oder im Polizeilichen Staatsschutz beratend unterstützen. Mit solchen Maßnahmen bewegt man sich bereits im Rahmen der Sekundärprävention, d.h., konkret vulnerable Zielgruppen werden im Rahmen von Präventionsmaßnahmen angesprochen.

Wenn es bereits Vorfälle mit radikalisierten Menschen gab, dann ist dies der Bereich der Tertiärprävention. Hier ist die Hinzuziehung des Polizeilichen Staatsschutzes und unter Umständen gezielt geschulter zivilgesellschaftlicher Personen, die im Rahmen der Deradikalisierung speziell ausgebildet wurden, notwendig.

Prävention muss also immer an die Situation angepasst sein. Dazu ist es unvermeidlich, den Kontext und soziokulturelle Umstände zu berücksichtigen.

Zusammenfassung

Gründe für Radikalisierung

- unterschiedliche persönliche Faktoren
- komplexer Vorgang
- keine einfache Erklärung
- multifaktoriell

Anzeichen für Radikalisierung

- Veränderungen in Kleidung, Sprache und Verhalten

Verläufe von Radikalisierung

- individuell unterschiedlich
- kann über kurzen oder langen Zeitraum verlaufen
- resultiert nicht immer in Gewalt
- ist umkehrbar

Dschihadistische Täterprofile

„Lone Wolf" (einsamer Wolf)

- allein handelnde/r Täter/in
- Beispiele: Anschläge auf Frankfurter Flughafen im Jahr 2011, auf Nachtclub in Florida 2016 und in Hamburger Supermarkt 2017

Lose Anleitung durch Organisation

- lose Unterstützung und Anleitung durch Terrororganisation, z.B. über Messengerdienste
- Beispiele: Attentat auf Breitscheidplatz Berlin 2016, auf Essener Sikh-Tempel 2016 und versuchte Anschläge in Ludwigshafen 2016

Anschlag durch ausgebildete Mitglieder einer Terrororganisation

- Training, logistische und finanzielle Unterstützung durch Terrororganisation
- sehr hohe Opferzahlen
- Beispiele: Anschlagsserie in Paris 2015, Anschlag in Diplomatenviertel in Kabul 2017, Osteranschläge in Sri Lanka 2019

Präventionsmöglichkeiten

- Im Prinzip kann sich jeder Mensch radikalisieren.
- Prävention beginnt früh und allgemein: Resilienz stärken, Demokratiebildung.
- Wichtig ist kritische Medienkompetenz.
- Prävention angepasst an Kontext und Bedarf
- Zusammenarbeit von Sicherheitsbehörden und zivilgesellschaftlichen Trägern, um schnell auf Bedarf reagieren zu können und möglichst alle gesellschaftlichen Bereiche zu erreichen

6 Taktisches Vorgehen der Dschihadistinnen und Dschihadisten

Islamistinnen und Islamisten verstehen sich in einem latenten Krieg nach einer Logik des Dar al-Islam („Gebiet des Islams") gegen Dar al-Harb („Gebiet des Krieges") bzw. Dar al-Kufr („Gebiet des Unglaubens"). Nach diesem einfachen dualistischen Verständnis der Weltpolitik endet der Zustand des Unfriedens, in dem die islamische Gemeinschaft sich ständigen Angriffen und Anfeindungen ausgesetzt sieht, erst mit der Einführung einer islamischen Herrschaft (siehe Kapitel 3.1 Ziel der Errichtung eines Kalifats). Diese beinhaltet, dass ein Gebiet von einem muslimischen Herrscher unter Anwendung der Scharia nach der Interpretation der jeweiligen Gruppierung beherrscht wird. Um diese Herrschaft herbeizuführen, reicht die theologische Bildung, die als wesentliche Grundlage zur Ausbildung der Kampfgemeinschaft der Gläubigen angesehen wird, jedoch nicht aus. Die meisten Islamistinnen und Islamisten weltweit versuchen dieses Ziel zwar durch Missionierung (Daua) zu erreichen. Die dschihadistisch orientierten Islamistinnen und Islamisten sehen die Anwendung von Gewalt in diesem Kontext jedoch als unvermeidbar. Um Gewalt gezielt und effektiv anwenden zu können, bedarf es einer militärischen Ausbildung der Anhängerinnen und Anhänger terroristischer Vereinigungen. In größerem Stil wird diese seit dem Kampf gegen die Sowjets in Afghanistan in den 1980er-Jahren in verschiedenen Ländern in Trainingslagern für Dschihadistinnen und Dschihadisten angeboten. Dort werden im Wesentlichen zwei Lehrbereiche abgedeckt: Religion und Krieg. Im Bereich Krieg werden in der Regel sowohl die Vermittlung theoretischer Inhalte als auch militärischer Drill angeboten. In diesem Kapitel geht es um einige Taktiken der Kriegsführung, die im dschihadistischen Kontext vermittelt werden und für die deutschen Sicherheitsbehörden von Bedeutung sind.

6.1 Unterwanderung

Anhängerinnen und Anhänger islamistischer Vereinigungen wie z.B. der Muslimbruderschaft werden in vielen Herkunftsländern mindestens seit den 1960er-Jahren aktiv verfolgt, misshandelt und getötet. Ein Beispiel für ein Land, das Islamistinnen und Islamisten seit Jahrzehnten verfolgt, ist Ägypten. Während des autoritären Militärregimes des Präsidenten Nasser sind viele Islamisten in europäische Länder geflohen. Andere wurden – wie der berühmte Sayyid Qutb im Jahr 1966 – in Schauprozessen hingerichtet. Einer der nach Deutschland geflohenen Muslimbrüder war Said Ramadan. Dieser schaffte es, in München das Moscheebauvorhaben eines hauptsächlich kaukasischen Kulturvereins, dessen Mitglieder sich ursprünglich noch beim gemeinsamen Weingenuss im Beisein der Frau des Gründers fotografieren lassen hatten, zu politisieren. Mit Unterstützung saudischer Finanzkraft wurde es auf den Weg der Gründung eines islamistischen Zentrums gebracht (siehe Kapitel 7.4 Aufbau islamistischer Netzwerke in Deutschland).[79]

Islamistinnen und Islamisten missbrauchen den Schutz durch Asylrecht und Religionsfreiheit gezielt, um nicht nur bereits bestehende religiös liberale Kulturvereine ideologisch zu indoktrinieren, sondern auch, um Propaganda im Herkunftsland zu verbreiten, was sie vor Ort nicht unbeschadet machen könnten. Ein epochales Ereignis der Weltgeschichte, die „islamische Revolution" im Iran, bedurfte u.a. des Schutzes ihres wichtigsten Anführers durch sein Exil in Frankreich. Auf einer im Namen des verstorbenen Gründers und „Führers" der Islamischen Republik Iran, Rohollah Chomeini, geführten Webseite kann seine Danksagung an Frankreich noch heute auch auf Englisch nachgelesen werden:

> „The French nation and government In the Name of God, the Compassionate, the Merciful at this moment in time, after four eventful months of residence in France, I am leaving this place to serve my country. I feel it necessary to thank the French government, which has provided me with the security measures and the means for freedom of speech, and also the respectable local people who, with their humanitarian sense, have expressed their enthusiasm for the freedom and independence of Iran."[80]

Auch die Manipulation von anderen Landsleuten durch Islamistinnen und Islamisten im Exil ist ein bekanntes Phänomen seit der wenig verdeckten Einflussnahme des türkischen Präsidenten Erdogan und seiner islamistischen

79 Meining, 2011.

80 International Affairs Department, the Institute for Compilation and Publication of Imam Khomeini's Works, 2017.

Partei AKP auf seine mögliche Wählerschaft von in Deutschland lebenden türkischen Staatsbürgerinnen und Staatsbürgern.

Daher ist an dieser Stelle wichtig zu unterstreichen, dass gerade die muslimischen Mitbürgerinnen und Mitbürger, die einen nichtextremistischen Islam verfolgen und der pluralistischen freiheitlichen Gesellschaft angehören, mitunter die beliebtesten Opfer islamistischer Attentate sind. Sie werden als Personen gesehen, die vom Glauben abgefallen sind, und dafür fordern Islamistinnen und Islamisten nach ihrer Lesung des islamischen Rechts nicht selten die Todesstrafe.

Es gibt vonseiten der Islamistinnen und Islamisten auch Vorstellungen einer demographischen Politik, die dafür sorgen soll, dass mehr Extremistinnen und Extremisten geboren werden. In einem Artikel des IS wurde dies unverhohlen mit der damit einhergehenden Herabwürdigung der „eigenen" Frauen zu Gebärmaschinen bzw. „Saatfeldern" verkündet:

> „Durch den Anstieg der Anzahl der Muslime wird der Kufr zurückgedrängt und die Religion bekommt die Überhand. Die Kuffar haben diese Tatsache verstanden, während sie vielen Muslimen unbewusst ist. So finden wir, dass die Eliminierung der Frauen und Kinder zu den Prioritäten der Kuffar bei jedem ihrer Kriege gegen den Islam und die Muslime gehört, um somit die Saat der Muslime zu zerstören. Denn die Frauen wurden im Quran nicht als Saatfeld bezeichnet, außer aufgrund ihrer Eigenschaft als Mittel der Fortpflanzung und ihrer Eigenschaft als fruchtbarer Erde."[81]

6.2 Selbstmordattentate

Die ersten Selbstmordattentate im modernen islamistischen Kontext wurden in den frühen 1980er-Jahren von der libanesischen Hisbollah-Vorläuferorganisation „Islamischer Dschihad" verübt. Am 18.04.1983 tötete diese Organisation in Beirut 63 Mitarbeiterinnen und Mitarbeiter der US-Botschaft. Ein Selbstmordattentäter hatte dafür einen mit 910 kg TNT beladenen Lastwagen auf das Botschaftsareal gefahren. Nach anfänglicher Verurteilung des Attentats rechtfertigte der schiitische Großayatollah Muhammad Husayn Fadlallah schließlich die sogenannten „Selbst-Märtyreroperationen" als notwendige Taktik in einem ungleichen militärischen Kampf.[82] Spätere Interpretationen von Theologen der Hisbollah überhöhten Selbstmordattentate als Selbstaufgabe für Gott und die Glaubensgemeinschaft in einer Imitation des schi-

81 Ohne Autorenangabe, „Damit ich mit euch die anderen Nationen übertreffe", 1438/2017, S. 38.

82 Munir, 2008, S. 73.

itischen Imam und Prophetenenkels Hussein, der sich im Jahr 680 für die schiitische Glaubensgemeinschaft auf dem Schlachtfeld geopfert hatte.

Unter den sunnitischen islamistischen Organisationen war es die palästinensische HAMAS, die in den späten 1980er-Jahren anfing, sich diese Taktik anzueignen. Weil Selbstmord nach den geläufigsten Interpretationen des Islams verboten ist, entbrannte daraufhin eine hitzige Diskussion unter Theologen, ob diese Kriegstaktik erlaubt oder verboten sei. Der weltweit berühmteste inoffizielle Hauptideologe der ägyptischen Muslimbruderschaft, Yusuf al-Qaradawi, beantwortete die Anfrage, ob es richtig sei, dass palästinensische Frauen ohne männliche Begleitung und eventuell nicht angemessen „islamisch" verhüllt „Märtyreroperationen" ausführten, in einem islamischen Rechtsgutachten (Fatwa). Diese viel beachtete Fatwa begann wie folgt:

> „The martyr operation is the greatest of all sorts of jihad in the cause of Allah. A martyr operation is carried out by a person who sacrifices himself, deeming his life [of] less value than striving in the cause of Allah, in the cause of restoring the land and preserving the dignity. To such a valorous attitude applies the following Qur'anic verse: ‚And of mankind is he who would sell himself, seeking the pleasure of Allah; and Allah hath compassion on (His) bondmen.' (Qur'an, 2: 207)"[83]

Später verurteilte er zwar die Anschläge vom 11.09.2001, weil diese nicht in einem von Ungläubigen besetzten Gebiet umgesetzt worden seien. Die meisten Terrororganisationen verstehen sich allerdings in einem Krieg, der weltweit geführt wird. Überall wird gemäß ihrer Interpretation gegen den Islam gekämpft und überall müssen Musliminnen und Muslime sich verteidigen. Aus diesem Grund verstehen ihre Ideologinnen und Ideologen die „Märtyreroperation" als legitim. Einzig die Problematik eines zu hohen Kollateralschadens aus den eigenen Reihen beschäftigte in den ersten Jahren des neuen Jahrtausends die Denker der al-Qaida.

Der IS löste dieses Problem mit seiner totalen Kompromisslosigkeit: Wer unter den Ungläubigen lebt und sich dort nicht lediglich mit der Absicht, diese zu bekämpfen, aufhält, d.h. Attentate zu begehen, ist selbst ein Ungläubiger und damit zum Tod verurteilt.[84]

83 Middle East Quarterly, 2004, S. 78–80.

84 IS-Sprecher Abu Muhammad al-Adnani al-Schami, Ansprache „Dein Gott ist immer wachsam" (ان ربك لبالمرصاد), 2014. Englische Zusammenfassung und Teilübersetzung verfügbar auf Kyle Ortons Blog, 2014.

6.3 Spektakuläre Anschläge mit vielen Toten/Verletzten

Vor allem das Netzwerk der al-Qaida mit seinen unterschiedlichen „Tochtergesellschaften“ (al-Qaida auf der Arabischen Halbinsel, al-Qaida im Islamischen Maghreb, al-Qaida im Irak,[85] Schabab (Somalia) und Kaukasus-Emirat) erwirtschaftete sich nicht nur in dschihadistischen Kreisen während der 1990er- und frühen 2000er-Jahre großes Ansehen mit spektakulären Attentaten, die aufgrund ihrer Komplexität eine oftmals jahrelange Planung erforderten. Am bekanntesten ist dahingehend sicherlich das Attentat vom 11.09.2001, das nach englischer Lesung hauptsächlich als „9/11“ in die Geschichte eingegangen ist, und einen Paradigmenwechsel der „Ost-Westpolitik“ sowie der nationalen und internationalen Zusammenarbeit der Sicherheitsbehörden nach sich zog.

Bereits im Jahr 1992 planten die al-Qaida-Strategen Bombenattentate auf zwei Hotels in Aden (Jemen), wo sie amerikanische Soldaten auf der Durchreise nach Somalia im Visier hatten. Sechs Jemeniten und ein Libyer waren Teil dieser Zelle.[86] Osama Bin Laden hatte sich im Vorjahr im Sudan niedergelassen und konnte dort – nicht zuletzt aufgrund seines immensen Vermögens – die politischen Geschicke unter dem General Omar Hassan al-Baschir, der maßgeblich durch den islamistischen Denker Hassan al-Turabi beeinflusst wurde, mitgestalten. Er unterhielt ein großes Netzwerk von Unternehmen und baute u.a. eine Straße von der sudanesischen Hauptstadt Khartum nach Port Sudan am Roten Meer.[87] Daher ist es nicht verwunderlich, dass er gleichzeitig auch Trainingscamps für islamistische Kämpfer unterhielt.

Am 26.02.1993 erfolgte das erste Attentat auf das World Trade Center in New York, welches nach Vorstellung der Terroristen beide Türme zum Einstürzen bringen sollte. Der hauptverantwortliche Attentäter Ramzi Yousef – ein pakistanischer Elektroingenieur, der in Großbritannien studiert hatte – war davor in einem Trainingslager der al-Qaida in Afghanistan trainiert und von seinem Onkel Khalid Sheikh Mohamed – dem späteren Hauptdrahtzieher des Attentats vom 9/11 – instruiert worden. Zur Begehung des Attentats wurden ca. 600 kg Harnstoffnitrat verwendet, die auf einen Lastwagen geladen und mit einem Fernzünder zur Explosion gebracht wurden. Ausgeführt und koordiniert wurde das Attentat in New York von einer Zelle aus sieben Männern

85 Selbst bezeichnete sich die IS-Vorläuferorganisation hauptsächlich als „al-Qaida im Land der zwei Flüsse“ – damit sind Euphrat und Tigris gemeint –, weil Islamistinnen und Islamisten Nationalstaaten als nicht von Gott gemachte, „künstlich“ vom Menschen bzw. den „ungläubigen Kreuzzüglern“ erstellte Konstrukte betrachten.

86 Stracke, 2010, S. 102–103.

87 The 9/11 Commission Report, 2003.

unterschiedlicher Herkunft (Ägypten, Palästina, Jordanien, Pakistan, Irak und USA). Zwei waren zuvor in al-Qaida-Trainingslagern in der Herstellung von Sprengkörpern unterwiesen worden. Das World Trade Center scheint als Ziel ausgewählt worden zu sein, um möglichst viele Menschen gleichzeitig zu töten, und nicht aufgrund seiner Symbolträchtigkeit. Die Tiefgarage war offenbar ein taktisches Kriterium gewesen, weil man davon ausging, dass man den Sprengstoff unter einem Turm platzieren müsse, um diesen zum Einstürzen zu bringen.[88] Der Erwerb der dreizehn erforderlichen Chemikalien und der Bombenbau dauerten danach zwei Monate. Die Akquise der Chemikalien wurde dadurch erleichtert, dass einer der Männer – Nidal Ayyad – als Chemiker bei Allied Signal in New Jersey arbeitete und dadurch unbehelligt Chemikalien bestellen konnte.[89]

Im November 1995 explodierte eine Autobombe in Riyad vor der Trainingseinrichtung für saudische Nationalgardisten, die mit US-amerikanischem Know-how unterstützt wurde. Die Planung für dieses Attentat soll ebenfalls über ein Jahr gedauert haben. Dafür soll u.a. Sprengstoff über Osama Bin Ladens breit angelegtes Netzwerk aus kleinen und großen Unternehmen und Hilfswerken nach Saudi-Arabien transportiert worden sein.[90]

Zwei Jahre später folgten die koordinierten Attentate auf die US-Botschaften in Nairobi (Kenia) und Daressalaam (Tansania) mit 224 Todesopfern und ca. 4.500 Verletzten. Einer der Beteiligten, ein Gründungsmitglied der al-Qaida, Mamdouh Mahmud Salim, wurde im Jahr 1998 in der Nähe von München festgenommen und an die USA ausgeliefert. Die Vorbereitungen für die Attentate sollen ungefähr sechs Jahre gedauert haben. Die Videokameras chinesischer Herstellung, die für die Aufklärung in Nairobi genutzt worden sind, sollen laut dem Bericht der US-amerikanischen Aufklärungskommission der Attentate vom 11.09.2001 in Deutschland gekauft worden sein.[91] Die involvierten Terroristen wurden zur Ausbildung in Trainingslager der Hisbollah geschickt.[92] Im Gegensatz zum späteren IS war die al-Qaida zumindest in der Anfangszeit zu einer Zusammenarbeit mit den vom Iran unterstützten schiitischen Dschihadistinnen und Dschihadisten bereit.[93]

Osama Bin Laden begab sich mit seinen Anhängern nach der Machtübernahme der Taliban erneut nach Afghanistan. Im Februar 1998 erließ er seine

88 Parachini, 2016, S. 5.

89 Ebenda, S. 5–7.

90 The 9/11 Commission Report, 2003, S. 77.

91 The 9/11 Commission Report, 2003, S. 85.

92 Ebenda.

93 Jocelyn, 2018.

berüchtigte Fatwa, in der er den USA öffentlich den Krieg erklärte. Sein Bekennerschreiben für die Attentate auf die beiden Botschaften wurde vor der Umsetzung nach Baku (Aserbaidschan) in das gemeinsame Büro der Organisation „Islamischer Dschihad" des Ägypters und späteren al-Qaida-Anführers Ayman al-Zawahiri und der al-Qaida gefaxt.

Es folgten u.a. das berüchtigte Attentat von 9/11 mit der koordinierten Entführung von vier Flugzeugen durch 19 Selbstmordattentäter, die in das World Trade Center und das Pentagon gesteuert wurden und auch noch in das Parlamentsgebäude hätten gesteuert werden sollen. Bereits aus dieser Zusammenfassung kann vermutet werden, wie komplex und aufwändig an Ressourcen und Logistik die Planung dieses Attentats gewesen sein musste. Auch die späteren Attentate in Europa setzten eine gewisse Komplexität in Planung und Umsetzung voraus.

Die Attentate am 15. und 20.11.2003 auf zwei Synagogen, das Britische Konsulat und das HSBC-Hauptquartier in Istanbul wurden mit der Hilfe von unterschiedlichen Lastwagen und Selbstmordattentätern durchgeführt.

In Madrid wiederum wurde das Attentat vom 11.03.2004 mittels in vier Nahverkehrszügen und am Gleis platzierten Rucksäcken, die Plastiksprengstoff enthielten und fast gleichzeitig mit als Zeitzünder verwendeten Handyweckern zur Detonation gebracht wurden, umgesetzt. Unterschiedliche Recherchen kommen zu dem Schluss, dass die Entscheidung, in Spanien ein Attentat zu begehen, bereits im Dezember des Jahres 2001 in Karachi (Pakistan) getroffen worden sei.[94] Im Jahr 2002 sei diese Entscheidung bei einem Treffen hochrangiger dschihadistischer Würdenträger der mit al-Qaida verbündeten „Lybischen Islamischen Kampfgruppe", der „Marokkanischen Islamischen Kampfgruppe" und der „Tunesischen Kampfgruppe" in Istanbul bestätigt und von der al-Qaida im Jahr 2003 nicht zuletzt durch Bin Ladens Kriegserklärung aufgrund der Teilnahme Spaniens am Irakkrieg ratifiziert worden.[95] Als Hauptideologe gilt der hochrangige al-Qaida-Terrorist Abu Musab al-Suri (Mustafa Setmarian Nasar), der seit 1987 aufgrund seiner Ehe mit der spanischen Konvertitin Elena Moreno die spanische Staatsbürgerschaft hat.[96] Abu Musab al-Suri publizierte in London die dschihadistische Zeitschrift „Al Ansar" („Die Unterstützer") der algerischen terroristischen Vereinigung „Groupe Islamique Armé" (GIA), die er offenbar auch bezüglich der Umsetzung des ersten

94 Reinares, 2021 und Solana/Campillo, 2022, S. 147–156.

95 Ebenda.

96 Ebenda, S. 16. Zu Abu Musab as-Suri siehe auch Lia, 2009.

islamistisch motivierten Anschlages auf europäischem Boden beraten hat. Das Attentat erfolgte ebenfalls auf Nahverkehrszüge in Paris am 25.07.1995.[97]

Er soll auch der Stratege der Attentate auf drei Londoner U-Bahnzüge und einen Bus, die dieses Mal von Selbstmordattentätern mit Rucksäcken ausgeführt wurden, gewesen sein. [98] Einer der Attentäter, Mohammed Siddique Khan, wurde in den Jahren 2001 und 2003 in Trainingslagern in Pakistan ausgebildet.[99]

Said Kouachi, einer der Brüder, die im Januar 2015 die Redaktion des Satiremagazins „Charlie Hebdo" attackierten, besuchte über mehrere Jahre hinweg immer wieder Trainingslager der al-Qaida auf der Arabischen Halbinsel im Jemen. Er soll auch von einem Netzwerk des amerikanisch-jemenitischen Predigers Anwar al-Awlaki finanziell gefördert worden sein.[100] Letzterer wurde bekannt mit seiner englischsprachigen Zeitschrift „Inspire", in der u.a. Anleitungen zur Herstellung von Explosionskörpern verbreitet wurden, wie z.B. „Make a Bomb in the Kitchen of your Mom" in der ersten Ausgabe vom Sommer 2010.[101]

Diese Entwicklung eröffnete den Weg in Richtung einer Vereinfachung der Kampfteilnahme. Bereits in Abu Musab al-Suris wegweisender taktischer Schrift „Einladung zum weltweiten islamischen Widerstand" („Da'wat al-muqawama al-islamiyya al-'alamiyya") mit einem Umfang von 1.600 Seiten in ihrem arabischen Original wurde argumentiert, dass die nächste Etappe des Dschihads auf Individuen bzw. Kleingruppen bauen müsse – im Sinne eines führerlosen Widerstands, der der Vision rechter Extremisten sehr ähnlich ist. „Inspire" vermittelte in diesem Sinne erste taktische Anweisungen in einer Sprache, die für viele Dschihadisten und Dschihadistinnen zugänglich ist. Gleichzeitig ermutigt sie Einzelpersonen oder kleine Gruppen, ohne formellen Bezug zu einer dschihadistischen Organisation oder Möglichkeiten, ein Trainingslager zu besuchen, dazu, Attentate eigeninitiativ zu planen und umzusetzen.

---

97 Ebenda, S. 17.

98 Intelligence and Security Committee, 2009, S. 24 und S. 44.

99 Ebenda. Siehe auch Pantucci, 2015, S. 159–161.

100 Reuters, 2015.

101 The AQ Chef, „Make a Bomb in the Kitchen of your Mom", 1431/2010, S. 33–40.

6.4 „Lone Wolf-Attacks“ und Infiltrierung (Inghimasiun)

Wenig überraschend machte der IS sich genau diese Taktik außerhalb seines ehemaligen Kerngebiets zur wesentlichsten Waffe im „Kampf gegen die Ungläubigen“. Die taktische Verwendung eines Inghimasi, eines infiltrierten Kämpfers, gab es selbstverständlich schon vor der Ausrufung des IS-Kalifats im Jahr 2014. Bereits die Mitglieder der Hamburger Zelle des Flugzeugentführers Muhammad Atta vom 9/11 verhielten und kleideten sich weitgehend unauffällig. Solche infiltrierten Kämpfer oder „Schläferzellen“ wurden damals allerdings noch von zentralen Kräften der al-Qaida ausgebildet, finanziert, betreut und eingesetzt. Gleichzeitig fand daher auch eine Auswahl der „Rekruten“ statt, die von der dschihadistischen Organisation getroffen wurde. Eine solche Herangehensweise wurde im IS-Kontext weitgehend abgeschafft. Ab 2016 wurden fast ausschließlich Anschläge von Einzelpersonen oder Familienverbänden verübt. Eine ähnliche Komplexität und Länge der Planung wie die oben genannten al-Qaida-Operationen erreichten im IS-Kontext in Europa nur die Attentate vom 13.11.2015 in Paris, wo neun Attentäter koordiniert aus Brüssel an sechs Tatorten mit vier Selbstmordattentaten, Beschuss und Geiselnahmen eine Nacht lang in der französischen Hauptstadt mordeten und Angst und Schrecken verbreiteten.

Dieses Anschlagsszenario fand in einer Phase des theologischen, strategischen und bewaffneten Kampfes zwischen dem IS und der al-Qaida mit ihren „Tochtergesellschaften“ statt. Dabei ging es nicht zuletzt um die Vormachtstellung im „internationalen Dschihad“ und die Bündelung der sowohl menschlichen als auch materiellen Ressourcen. Im Jahr 2015 lieferten sich daher der IS und al-Qaida auf französischem Boden eine Art blutigen Wettbewerb, um die Sympathisantinnen und Sympathisanten des Dschihads im „Westen“ von der eigenen Schlagkraft zu überzeugen und für sich zu gewinnen.

Bereits im Januar 2015 verkündete der offizielle IS-Sprecher Abu Muhammad al-Adnani al-Schami:

> „Erneut senden wir unseren Aufruf an die Monotheisten in Europa und im ungläubigen Westen und an allen anderen Orten, die Kreuzzügler in ihren eigenen Ländern anzugreifen und überall, wo man sie finden kann. Wir werden vor Gott gegen jeden Muslim sprechen, der die Möglichkeit hat, einen einzigen Tropfen Kreuzzüglerblut zu vergießen, und das nicht tut entweder mit einem Sprengkörper, einer Kugel, einem Messer, einem Auto, einem Stein oder sogar einem Stiefel oder einer Faust. Wahrlich, Ihr habt gesehen, was ein einzelner Muslim in Kanada und mit seinem Parlament des Polytheismus gemacht hat und die Brüder in Frankreich, Australien und Belgien – Gott möge ihnen allen barmherzig sein und sie

> mit Gutem belohnen im Namen des Islams. Und es gab viele andere, die Leute getötet, überfahren, ihnen gedroht, sie eingeschüchtert und terrorisiert haben, und zwar so sehr, dass wir sahen, wie die Kreuzzüglerarmeen in den Straßen Australiens, Kanadas, Frankreichs, Belgiens und anderen Hochburgen des Kreuzes zum Einsatz kamen. Wir versprechen ihnen – mit Gottes Erlaubnis –, dass die Alarmstufe, der Terror, die Angst und der Sicherheitsverlust weitergehen. [...]“[102]

Später gingen die Ideologen des IS sogar noch einen Schritt weiter und wiesen darauf hin, dass Musliminnen und Muslime nach der erneuten Gründung des Kalifats, also der Herrschaft des Islams (Dar al-Islam), nun dazu gezwungen seien, in das Herrschaftsgebiet des IS auszuwandern (damals Syrien, Irak oder Zentralafrika). Das Leben in den Ländern der Ungläubigen sei für Musliminnen und Muslime nach der Wiedererrichtung des Kalifats verboten. Falls sie dennoch dort lebten, würden sie zu Ungläubigen, es sei denn, sie verübten dort Attentate.[103] Diese Argumentation bringt drei taktische Vorteile: Erstens werden alle Musliminnen und Muslime vom IS zwangsverpflichtet, entweder auszuwandern oder Attentate zu begehen. Zweitens werden sie, falls sie das nicht tun, automatisch zu Ungläubigen, was dazu führt, dass man sich nicht ihretwegen um Kollateralschäden sorgen muss. Die bereits oben angedeutete Diskussion um möglichen Kollateralschaden von Musliminnen und Muslimen bei Attentaten ist im dschihadistischen Kontext so relevant, dass sich die al-Qaida nicht nur für ihre Attentate mit vielen Todesopfern unter saudischen Muslimen in Saudi-Arabien vor ihrer Anhängerschaft (u.a. saudische Geldgeber) rechtfertigen musste. Sie fühlte sich sogar im Jahr 2013 dazu veranlasst, neue „Guidelines of Jihad“ auf Englisch und Arabisch zu publizieren, in denen klar festgehalten wird, dass Kollateralschaden unter Musliminnen und Muslimen auszuschließen sei. Der dritte taktische Vorteil, der die oben genannte Rede mit sich bringt, besteht in der Proletarisierung und der damit einhergehenden Vergünstigung des internationalen Dschihads nach dem Motto: „Jeder bzw. jede kann mitmachen!“ Wer auch immer sich aus welcher Motivation auch immer dazu berufen fühlt, andere im Namen des IS zu ermorden, ist der terroristischen Vereinigung herzlichst willkommen und wird von ihr als ruhmreicher Märtyrer bzw. Märtyrerin glorifiziert. Es

102 Die arabische Ansprache des IS-Sprechers Abu Muhammad al-Adnani al-Schami vom 26.01.2015 mit dem englischen Titel „Die in Your Rage!“ wurde über verschiedene Kanäle des IS weit verbreitet und auch regelmäßig in nachfolgenden Publikationen in unterschiedlichen Sprachen zitiert. Es dürfte sich neben der Rede des IS-Anführers Abu Bakr al-Baghdadi zur Kalifatsgründung bis heute um eine der bekanntesten Ansprachen einer hochrangigen Persönlichkeit des IS handeln. Sie wird weiterhin von IS-Sympathisanten verbreitet und in selbst gefertigten Video- und Audioproduktionen verarbeitet. Die Übersetzung hier ist von Ettmüller.

103 Zitat siehe oben.

muss weder eine Selektion aufgrund der Kampftauglichkeit noch ein Training in einem Ausbildungslager oder eine komplexe Planung mit Finanzflüssen von außen stattfinden.

Diese Umorientierung der Kampfstrategie einer der gewichtigsten international operierenden islamistischen Terrororganisationen hat, nicht zuletzt aufgrund ihrer agilen Nutzung der Sozialen Medien, dazu geführt, dass sich Sympathisantinnen und Sympathisanten nach erstaunlich kurzer Radikalisierung dazu aufgefordert fühlten, Attentate zu begehen. Ab 2016 nahm in Europa die Anzahl der islamistischen Attentate durch sogenannte „einsame Wölfe" ständig zu. Der „Global Terrorism Index" bestätigte auch noch im Jahr 2022, dass die tödlichste Form des Terrorismus im „Westen"[104] im letzten Jahrzehnt der islamistische gewesen ist.[105] Zwischen 2015 und 2017 gab es laut dieser Statistik in 11 Ländern 63 Attentate mit insgesamt 457 Todesopfern.[106] Zwischen 1970 und 2018 stieg die Verwendung der Taktik zur Begehung von Terrorattentaten durch radikalisierte Einzeltäter im gesamten politischen Spektrum des Terrorismus von unter 5 auf 70 %. Bei den islamistisch motivierten Attentaten wurden im Jahr 2018 bereits fast 60 % von nicht formell einer Organisation zugehörigen „einsamen Wölfen" begangen.[107] Damit war der prozentuale Anteil der durch Einzeltäterinnen und -täter begangenen islamistisch motivierten Attentate im Vergleich zu denen, die von Täterinnen und Tätern mit einer Organisationszugehörigkeit begangen wurden, gleich hoch wie bei den Rechtsextremistinnen und Rechtsextremisten.[108]

Diese Entwicklung erschwert die Arbeit der Sicherheitsbehörden insofern, als dass die Verhinderung einer Tat eines oder einer Einzelnen mit einem alltäglichen Gegenstand oder Fahrzeug als Waffe erheblich schwerer prognostizierbar ist als ein komplexes Attentat mit etlichen Mitwissern, Finanzflüssen, Kommunikation über Ländergrenzen hinweg und der Beschaffung von Chemikalien. Eine Überwachung einzelner, sich schnell radikalisierender Täterinnen und Täter, deren Gesinnung und Absicht hauptsächlich in den Sozialen Medien offenkundig wird, ist eine große Herausforderung für behördliche und rechtsstaatliche Strukturen. Während eine engmaschige Beobachtung sich radikalisierender Einzeltäter im Internet zur Verhinderung terroristischer Attentate unbedingt nötig ist, dürfen die eingesetzten Maßnahmen dennoch

104 Was unter „Westen" verstanden wird, wird in der konsultierten Statistik nicht genauer definiert. Es dürfte sich aufgrund der Einteilung der anderen Weltregionen um Europa und Nordamerika handeln.

105 Institute for Economics & Peace, 2018, S. 33.

106 Ebenda.

107 Institute for Economics & Peace, 2019, S. 49.

108 Ebenda.

nicht dazu führen, dass die Freiheitsrechte derart stark beschnitten werden, dass die Demokratie dadurch gefährdet wird.

Im Gegensatz zu anderen europäischen Ländern sind in Deutschland bisher islamistische Attentate hauptsächlich von „einsamen Wölfen“ begangen worden. Das erste war das bereits in Kapitel 5.3.1 erwähnte Attentat des Arid Uka, der am 02.03.2011 am Flughafen in Frankfurt zwei US-amerikanische Soldaten erschoss und zwei weitere verletzte. Der 21-jährige Kosovare aus Frankfurt-Sossenheim hatte sich davor hauptsächlich im Alleingang über das Internet radikalisiert und war damit ein Vorläufer für das, was seit der Gründung des IS einen idealtypischen Radikalisierungsverlauf islamistischer Attentäterinnen und Attentäter darstellt.

Zusammenfassung

Zur gewaltsamen Gründung einer als islamisch verstandenen politischen Ordnung gibt es für Dschihadistinnen und Dschihadisten unterschiedliche taktische Herangehensweisen:

Unterwanderung

- Deutschland dient bekannten Ideologinnen und Ideologen als Rückzugsort zum Schutz vor Verfolgung im Herkunftsland und der weiteren Verbreitung der Ideologie.
- Gerade Dschihadistinnen sehen ihre Teilhabe am Dschihad darin, möglichst viele Kinder zu gebären und Kämpfer großzuziehen, um damit durch das Einwirken letzterer oder auch bereits durch die Zunahme der Bevölkerungszahl die Macht übernehmen zu können.

Selbstmordattentate

- Nach gängiger Lesung islamischer Quellen ist Selbstmord verboten (haram).
- Selbstmordattentate wurden zu Beginn der 1980er-Jahre von der schiitischen Hisbollah in den Dschihadismus übernommen.
- Zum Ende der 1980er-Jahre wurden sie von der sunnitischen palästinensischen Organisation HAMAS religiös gutgeheißen und verwendet.
- Das Selbstmordattentat wird als Mittel einer asymmetrischen Kriegsführung und als maximales Opfer des Gläubigen für Gott legitimiert.

Spektakuläre Anschläge

- Al-Qaida verübt seit den 1990er-Jahren spektakuläre Anschläge, die welthistorische Bedeutung erlangten. Das bekannteste ist das vom 11.09.2001 auf das World Trade Center und das Pentagon. Dafür wurden Kämpfer ausgewählt, trainiert und sowohl finanziell als auch logistisch unterstützt.

„Lone-Wolf Attacks" und Inghimasiun

- Das englische al-Qaida-Magazin „Inspire" verbreitete ab dem Jahr 2010 Anleitungen zum Bombenbauen.
- Der IS ruft kontinuierlich zu Attentaten im „Westen" und explizit auch in Deutschland auf. Jede Person, die sich zum IS bekennt, kann für die Vereinigung zur Kämpferin oder zum Märtyrer werden.

7 Geschichtlicher Abriss

Der Begriff „Islamismus" existiert erst seit den 1980er-Jahren und wurde aus dem Französischen übernommen. Er entstand im Zusammenhang mit der Errichtung eines autoritären Staates im Iran, der sich „Islamische Republik" nannte und vom Ayatollah Chomeini bereits in seiner Schrift „Welayat-e Faqih" („Die Herrschaft des Rechtsgelehrten")[109] vor seiner Machtübernahme konzipiert wurde.

Neben dieser schiitisch geprägten Form des Islamismus, die bis heute den Iran beherrscht, waren bereits im 18. und 19. Jahrhundert weitere Theorien und Bewegungen entstanden, die eine politische und gesellschaftliche Ordnung nach strikten, religiösen Prinzipien, die zumeist einer wörtlichen Quelleninterpretation folgten, einforderten und teilweise mit Waffengewalt erstritten. Der Islamismus, oder besser die *Islamismen*, sind somit moderne Theorien und Bewegungen, die die Etablierung eines „islamischen" politischen Systems einfordern. Sie erreichten erst in den 1950er-Jahren durch Repräsentanten der Muslimbruderschaft Westdeutschland. Es gab sowohl exogene als auch endogene Auslöser für die Entstehung moderner *Islamismen*. Einerseits wurde auf der Arabischen Halbinsel an der Peripherie der Kolonialreiche – also relativ isoliert von der weiteren Weltpolitik – vom Theologen Muhammad Ibn Abd al-Wahhab eine Reform des auf der Arabischen Halbinsel gelebten Islams eingefordert. Andererseits stand die Entwicklung

109 Die deutsche Übersetzung ist beim Klaus Schwarz Verlag im Jahr 1983 erschienen. Chomeini, 1983.

des Salafismus in Ägypten am Ende des 19. Jahrhunderts direkt mit dem europäischen Kolonialismus im Zusammenhang. Er entstand nicht zuletzt als eine Art ideologische Grundlage zur Bekämpfung der europäischen Unterdrückung der islamischen Welt.

7.1 Entstehung des zeitgenössischen Islamismus

Über die Jahrhunderte hinweg und in den unterschiedlichen Herrschaften der islamischen Welt kam es immer wieder zur Einflussnahme extremistischer Gruppierungen, die versuchten, die gesellschaftliche und politische Ordnung nach ihren Vorstellungen umzugestalten. Der zeitgenössische Islamismus ist mit solchen frühen Bewegungen allerdings kaum vergleichbar und keinesfalls zu verwechseln.

7.1.1 Der Wahhabismus

Der Theologe Muhammad Ibn Abd al-Wahhab (1702/3–1792) predigte einen radikalen Ein-Gott-Glauben (Tauhid), der sich gegen die sufistisch-mystische Glaubenspraxis der Mehrheit der zumeist nomadischen Stämme auf der damaligen Arabischen Halbinsel richtete. Die meisten seiner Zeitgenossen verehrten und folgten Personen, denen eine spezielle Nähe zu Gott zugeschrieben wurde. Sie verehrten deren Gräber und praktizierten Rituale, wie z.B. das mantraartige Sprechen des Wortes „Allah" (Dhikr). Solche Praktiken sollten eine Art Rausch hervorrufen, um damit eine körperliche Erfahrung des Göttlichen zu ermöglichen. Abd al-Wahhab verabscheute solche Rituale und verfluchte die Mystiker als Polytheisten in seinem bis heute viel beachteten Werk „al-Tauhid" („Der Monotheismus"). Gleichzeitig richtete er sich auch gegen die Schiiten und den Glauben an zwölf Imame, die die Herrschaft über die Muslime in fast direkter Erbnachfolge nach dem islamischen Propheten Muhammad übernommen haben sollen. Auch das Prinzip, dass man unter gewissen Umständen seinen Glauben verbergen dürfe (Taqiya), verwarf er. Der kompromisslose Monotheismus, der eine Entzauberung der Welt implizierte und damit eine Streuung von Heiligkeit unter vielen verhinderte, war gleichzeitig für die Herausbildung der politischen Logik einer Machtkonzentration in der Hand eines zentralen Herrschers interessant. Es folgte daher die Zusammenarbeit des Theologen Muhammad Ibn Abd al-Wahhab mit dem erfolgreichen Stammesführer Muhammad Ibn al-Saud. Gemeinsam erreichten sie eine erste Einigung der Beduinenstämme der Arabischen Halbinsel unter der Herrschaft eines Anführers und mit einer fundamentalistischen Ideologie, die später als „Wahhabismus" bezeichnet wurde und bis heute als

Staatsideologie Saudi-Arabiens fortbesteht.[110] Aufgrund des enormen Reichtums Saudi-Arabiens durch die Produktion von und den Handel mit Erdöl war es ab den 1980er-Jahren für das Königshaus unkompliziert, ihre Ideologie weltweit zu exportieren. Dafür wurden in aller Welt Moscheen und Kulturzentren gebaut, Schriften erstellt, Filme gedreht und TV-Sender gegründet und finanziert. Auch Missionare und Entwicklungshelfer wurden entsandt. In Deutschland wurde der enorme Einfluss der wahhabitischen Mission erstmals durch die Verteilung der „Lies!"-Kampagne im öffentlichen Raum für die Allgemeinheit sichtbar. Davor wurden aber bereits Imame für Moscheen entsandt, „Islamseminare" finanziell unterstützt und an deutsche Prediger wie Pierre Vogel Stipendien für Studien in Saudi-Arabien vergeben. Dass Ibn Abd al-Wahhabs Schriften bis heute für den deutschsprachigen sunnitischen Islamismus wichtig sind, zeigt die folgende Abbildung einer Übersetzung, die auf islamistischen Social-Media-Kanälen beworben wurde.

Deutsche Übersetzung des Buches zum Monotheismus von Muhammad Ibn Abd al-Wahhab, das im deutschen Sprachraum über islamistische Kanäle vertrieben wird.

7.1.2 Der Salafismus

Der Salafismus entstand am Ende des 19. Jahrhunderts in Ägypten. Der reformorientierte Theologe Muhammad Abduh der für sunnitischen Islam gewichtigen Azhar-Universität regte an, die Strukturen seiner Bildungsstätte komplett zu erneuern. Er wurde beeinflusst durch den Revolutionär Dschamal al-Din al-Afghani, der wohl die Niederschlagung der indischen Rebellion (1857–1859) durch die britische Kolonialmacht beobachtet hatte und seither an unterschiedlichen Orten des Imperiums und später auch im Osmanischen Reich Unruhe stiftete. Ihre Ideologie verbreiteten die beiden Männer aus

110 Zur Geschichte Saudi-Arabiens und dem Zusammenspiel zwischen den Prinzen der al-Saud-Dynastie und dem wahhabitischen Fundamentalismus siehe Lacy, 2010.

ihrem Pariser Exil mittels ihrer Zeitschrift „Al-Urwa al-Wuthqa (das unauflösbare Band [der Gläubigen])", welche in 18 Nummern von März bis Oktober 1884 herausgegeben wurde. Die Zeitschrift soll in Nordafrika, im Nahen und Mittleren Osten und Indien verbreitet worden sein. Die Autoren warben darin für eine weltweite Vereinigung der Musliminnen und Muslime, um das koloniale Joch abzuschütteln. Sie verwiesen auf die Stärke der frühen muslimischen Gemeinschaft und warben dafür, die Werte und Verhaltensweisen der „ehrenwerten Altvorderen" (al-Salaf al-salih – daher die Bezeichnung „Salafismus") wieder aufleben zu lassen. Diese Ideologie wurde auch als *Panislamismus* bezeichnet, weil sie die Vereinigung der islamischen Weltgemeinschaft anstrebte.[111] Interessant ist zu betonen, dass von der ersten Stunde an die Salafisten immer Gebrauch machten von den modernsten Kommunikationstechniken zur Verbreitung ihrer Ideologie. Während bis heute Personen im salafistischen Milieu z.B. gewisse moderne Formen der Bekleidung verteufeln oder sogar den Gebrauch des Miswak[112] dem einer Zahnbürste vorziehen, wird die Nutzung von Mobiltelefonen, Autos oder einer Kalaschnikow nie infrage gestellt, obwohl die Prophetengeneration sicherlich keine nutzten. Der Salafismus entstand als eine Art Befreiungstheologie und wurde in der späteren Weiterentwicklung der Reformansätze des Muhammad Abduh komplett gegensätzlich interpretiert. Es entstanden daraus sowohl ein Säkularismus als auch ein sich verhärtender Fundamentalismus. Beide beriefen sich auf die Ursprünge des Islams und die Theorien des Muhammad Abduh. In die frühe islamische Gemeinschaft wurde sowohl eine Protodemokratie mit Urverfassung und Möglichkeit zur Trennung von Religion und Staat als auch eine kompromisslose autoritäre Theokratie mit starren Regeln hineininterpretiert.

Unterdessen hat aber der Begriff *Salafismus* einen Wandel erfahren, der im allgemeinen Sprachgebrauch die Entstehung im Kontext des Kolonialismus des 19. Jahrhunderts und eine mögliche liberale Interpretation des Islams komplett unterschlägt. Seit der Erweiterung des Interesses am islamischen Extremismus im Nachwirken der Attentate von 9/11 werden nach dem Politologen Quintan Wiktorowicz drei Idealtypen des Salafismus unterschieden: der quietistische, der politische und der dschihadistische Salafismus.[113] Demnach wird der idealtypische quietistische Salafismus als eine privat ausgeübte, fundamentalistische Glaubenspraxis verstanden, die sich in der breiten Masse der Gesellschaft aber nicht etablieren will. Mit dieser Definition würde der quietistische Salafismus sogar aus der Kategorisierung als Islamismus he-

111 Keddie, 1972, S. 214–228.

112 Stöckchen vom Zahnbürstenbaum, der auch vom islamischen Propheten zur Zahnreinigung genutzt worden sein soll.

113 Wiktorowicz, 2006, S. 207–239.

rausfallen, weil er nicht die Absicht mit sich bringt, politische Gegebenheiten zu verändern. Der politische Salafismus wäre dann aber tatsächlich eine Form des Islamismus und die Version des Salafismus, die öffentlich in Erscheinung tritt und politischen Einfluss fordert. Ein Beispiel dafür wäre die salafistische Al-Nur-Partei, die während der Herrschaft der Muslimbrüder in Ägypten (Juni 2012–Juli 2013) anfänglich mit 25,5 % der Sitze im Parlament vertreten war. Als Beispiel eines politischen Salafisten aus Deutschland kann Pierre Vogel genannt werden. Der dschihadistische Salafismus wäre dann die Form, bei der die Anhängerinnen und Anhänger gewillt sind, im bewaffneten Kampf für eine andere Herrschaftsform zu kämpfen.

7.2 Die Muslimbruderschaft

Das wahrscheinlich wichtigste Netzwerk, das den Islamismus in alle Welt trägt, ist die Organisation der Muslimbrüder. Sie wurde in Ägypten im Jahr 1928 von dem Lehrer Hassan al-Banna gegründet. Dieser trat seine erste Stelle in Ismailia an und beobachtete am von den Briten besetzten Suez-Kanal deren freizügiges Verhalten, welches auch mit Rassismus und Verachtung der Lokalbevölkerung einherging. Er beschloss, seine Landsleute zum „richtigen Islam" zurückzubringen, um sie dazu zu ermächtigen, sich von dieser Unterdrückung zu befreien. Er erhielt viel Zulauf und entschloss sich, sich direkt in die Politik einzubringen, mittels einer Wahlbeteiligung im Jahr 1945.[114] Das ging dem damaligen Premierminister zu weit, und es folgte eine Welle von Verboten und erneuten Zulassungen der Vereinigung. Während dieser turbulenten und unsicheren Zeit für den islamistischen Aktivismus entschloss sich auch die Ägypterin Zaynab al-Ghazali, mit ihrer im Jahr 1936 eigenständig gegründeten „Dschama al-Saiyyadat al-Muslimat" („Gruppe der muslimischen Damen") als weiblicher Flügel den Muslimbrüdern beizutreten.[115] Im Bürgerkrieg in Palästina ab 1947 nahmen Kämpfer der mittlerweile wieder erlaubten Muslimbrüder teil. Als ab 1948, nach der Gründung Israels, Ägypten sich an der Seite von vier weiteren verbündeten arabischen Staaten am Kriegsgeschehen um Palästina beteiligte, kämpften die Muslimbrüder an der Seite der ägyptischen Armee. Im Herbst 1948 folgten jedoch Bombenattentate und Mordversuche in Ägypten, die den Muslimbrüdern angelastet wurden. Auf das erneute Verbot reagierte ein Mitglied mit der Ermordung des Premierministers Al-Nuqraschi Pascha, woraufhin Hassan al-Banna selbst am 12.02.1949 ermordet wurde.[116] Die Muslimbruderschaft zog aber trotz Ver-

114 Ettmüller, 2008.

115 Interview mit Zaynab al-Ghazali, in: Euben/Aman, 2010, S. 283–287.

116 Zu Hassan al-Banna siehe: Krämer, 2022. Zu Nuqraschi Pascha siehe: Abadha, 2007.

folgung viele Anhängerinnen und Anhänger an und das nicht nur in Ägypten, sondern auch in anderen arabischen Staaten, in denen sie sehr früh weitere Verbindungen aufbaute. Teilweise radikalisierten sich Gruppierungen der Muslimbruderschaft weiter und entwickelten bewaffnete Abteilungen, die Anschläge verübten – wie in Syrien oder Ägypten – oder als terroristische Vereinigung unter anderem Namen agierten wie der „Palästinensische Islamische Dschihad" im Gazastreifen.

7.3 Hizb ut-Tahrir

In Palästina war die Muslimbruderschaft bereits ab 1946 vertreten und widmete sich nach dem Bürgerkrieg vermehrt der „Daua" („Mission").[117] Das missfiel einigen, die sich aktiver an der Politik beteiligen wollten. Sie trennten sich im Jahr 1953 von der Organisation, um sich in Ostjerusalem als Partei zu etablieren und zwar als „Hizb ut-Tahrir" (HuT), als „Partei der Befreiung", mit dem Anspruch, alle palästinensischen Gebiete, die nun zu Israel gehörten, zurückzuerobern. Der Gründervater dieser Partei war der palästinensische Prediger Taqi ad-Din al-Nabhani. Er versuchte, die HuT als reguläre Partei zu etablieren. Aufgrund ihrer Forderungen, Israel zu zerstören und einen islamischen Staat (Kalifat) aufzubauen, an denen sie bis heute festhält, wurde die Partei aber sofort verboten. Sie organisierte sich weiter im Untergrund und war genauso wie die Muslimbruderschaft sehr erfolgreich darin, sich weltweit als Netzwerk zu etablieren. Die Zentrale der HuT ist heute in London. Die HuT unterhält Webseiten in sehr vielen Sprachen. Die Öffentlichkeitsarbeit der HuT wirkt dabei sehr professionell und passt sich überall den unterschiedlichen kulturellen Bedingungen an, um sich politisch einzubringen. Ihr Ziel ist auch heute die Errichtung eines Kalifats. Dafür schließt sie auch Gewaltanwendung nicht explizit aus. In Deutschland wurde die HuT am 15.01.2003 durch eine Verfügung des Bundesministeriums des Inneren verboten aufgrund ihrer Betätigung gegen den Gedanken der Völkerverständigung und ihrer Befürwortung der Gewaltanwendung zur Durchsetzung politischer Ziele. Interessant ist auch, dass der NPD-Vorsitzende Udo Voigt und der Neonazi Horst Mahler im Vorjahr des Verbots an einer Tagung der Gruppe in der TU Berlin teilnahmen, um Möglichkeiten einer Zusammenführung zwischen Islamismus und Nazismus zu erörtern. Aufgrund des offen zur Schau getragenen Antisemitismus beider Parteien erscheint eine Zusammenführung beider Bewegungen möglich.

117 Zur palästinensischen Muslimbruderschaft siehe: Frisch, 2010.

7.4 Aufbau islamistischer Netzwerke in Deutschland

Genauso wie die HuT sahen sich die Muslimbrüder in den 1960er- und 1970er-Jahren in Ägypten und Syrien unerbittlicher Verfolgung ausgesetzt. Viele Muslimbrüder und -schwestern wurden in Haftanstalten gefoltert oder ermordet. Einen der Höhepunkte dieser Verfolgung bildete in Syrien im Jahr 1982 das Massaker in der syrischen Stadt Hama. Vorangegangen war ein Aufstand der Muslimbrüder gegen den Putsch der Baath-Partei des Hafiz Al-Assad. Die Antwort des Regimes war es, die Stadt Hama in Schutt und Asche zu legen. Bei den Angriffen der Luftwaffe starben zwischen 10.000 und 40.000 Menschen.[118] In Ägypten schafften es die Muslimbrüder und -schwestern ab der Liberalisierung durch den Präsidenten Sadat, bis hin zum Jahr 2012 sich mittels Daua erfolgreich zur demokratisch gewählten Präsidentschaft vorzuarbeiten, bevor sie durch den Militärputsch am 13.07.2013 wieder in den Untergrund gezwungen wurden. Die ständige Verfolgung der Muslimbrüder und -schwestern im Nahen Osten führte dazu, dass einige in Europa Schutz suchten und damit anfingen, den Islamismus dort zu etablieren. Der bekannteste von ihnen dürfte der bereits genannte Said Ramadan sein, der das Moscheebauvorhaben der kaukasischen SS-Veteranen in München übernahm. Er etablierte die Muslimbruderschaft aber nicht nur in Deutschland, sondern schuf auch in Genf eine Zentrale für die Bewegung. Said Ramadan zeigte sich als geschickter Diplomat und warb in Saudi-Arabien um Gelder für die Bewegung. Die Muslimbruderschaft ist bis heute in Deutschland nicht verboten. Sie wird dem sogenannten „legalistischen Islamismus" zugerechnet und vom Verfassungsschutz beobachtet aufgrund ihrer Bestrebungen zur Etablierung einer islamistischen gesellschaftlichen und politischen Ordnung. Wie im Verlauf der jüngsten Geschichte Ägyptens zu beobachten ist, versuchen die Muslimbrüder und -schwestern im Regelfall nicht, ihre Ziele mit Gewalt zu erreichen. Sie vertrauen auf die Mission und die Hinführung der Gesellschaft zu einer konservativeren Religiosität. Dies ist ihnen in Ägypten gelungen. Während im Jahr 1956 eine große Versammlung von Männern bei einer Rede des Präsidenten Gamal Abd al-Nasser noch lauthals gelacht hat, als er erklärte, dass vom Anführer der Muslimbrüder ihm gegenüber gefordert worden sei, dass die Frauen Kopftuch tragen, ist derzeit der gesellschaftliche Druck auf Musliminnen in Ägypten so groß, dass sie es „freiwillig" tun. Die Taktik der Muslimbrüder und -schwestern besteht darin, demokratische Institutionen zu übernehmen – im Gegensatz zu vielen Salafistinnen und Salafisten befürworten sie eine Wahlbeteiligung –, um diese danach „schariagetreu" umzugestalten.

118 Bundeszentrale für politische Bildung, „2. Februar 1982: Das Massaker von Hama in Syrien", 2017.

Zusammenfassung

Der Begriff Islamismus stammt ursprünglich aus dem Französischen zur Beschreibung der politischen Umwälzungen im Zuge der „islamischen Revolution" im Iran.

- **Wahhabismus = Reformgedanke des Muhammad Ibn Abd al-Wahhab**
  - strenger Monotheismus (Tauhid)
  - Bündnis mit dem Stammesführer Ibn Saud
  - Staatsideologie des Königreichs Saudi-Arabien
  - Export in alle Welt dank Ölreichtum

- **Salafismus = Widerstand gegen den Kolonialismus**
  - Rückkehr zum Islam zur Einigung der muslimischen Welt (Panislamismus) und Befreiung von den Kolonialmächten
  - Weiterentwicklung zum liberalen islamischen Denken und zum Fundamentalismus
  - heute drei Idealtypen nach Wiktorowicz: Quietisten, Politische und Dschihadisten

- **Muslimbruderschaft**
  - Gründung durch Hassan al-Banna in Ägypten im Jahr 1928
  - Idee der Rückbesinnung auf den Islam zur Bekämpfung des Kolonialismus
  - Radikalisierung im Krieg um Palästina und durch die Verfolgung im Nahen Osten
  - gewalttätige Unter- und Splitterorganisationen
  - Hauptziel der Übernahme der Macht durch Missionierung und nicht durch Gewalt
  - Angehörige der Muslimbruderschaft brachten den Islamismus nach Europa

- **Hizb ut-Tahrir**
  - Gründung im Jahr 1953 in Ostjerusalem durch Taqi al-Din al-Nabhani
  - Ziel der Zerstörung Israels und der Rückeroberung aller palästinensischen Gebiete und der Gründung eines weltweiten Kalifats
  - Verbot in Deutschland durch das BMI am 15.01.2003

8 Islamistische Gruppierungen, Netzwerke und Akteure in Deutschland

In Deutschland gibt es seit den 1990er-Jahren unterschiedliche islamistische Vereinigungen, Prediger, Netzwerke und öffentlichkeitswirksame Initiativen, die oftmals gut international vernetzt sind. Im Folgenden werden exemplarisch einige vorgestellt.

8.1 Millî Görüş

Millî Görüş (= „Nationale Sicht") ist eine Bewegung, die in der Türkei ihren Ursprung hat und sich dann auf verschiedene Länder – u.a. auch Deutschland und andere europäische Länder – ausgebreitet hat. Ihr Gründer ist Necmettin Erbakan, der ihre Ideologie und Schlüsselbegriffe geprägt hat. Laut ihrer Ideologie gibt es eine gerechte Ordnung, die auf der „göttlichen Offenbarung" (Adil Düzen = gerechte Ordnung) basiere. „Nichtig" sei hingegen die von Menschen entworfene Ordnung, die derzeit auch in der „westlichen" Zivilisation dominiere. Diese sei gestützt auf Gewalt, Unrecht und Ausbeutung der Schwachen und müsse durch die „gerechte Ordnung" ersetzt werden, die sich an islamischen Grundsätzen orientiere. Daran müssten alle Musliminnen und Muslime mitwirken, welche dazu einen bestimmten nationalen/religiösen Blick auf die Welt haben sollten – daher die Bezeichnung Millî Görüş.[119]

Die Bewegung Millî Görüş gehört nach derzeitigen Definitionen (genau wie die Muslimbruderschaft) zu den legalistischen Strömungen des Islamismus, d.h., sie versucht, das politische System durch politische Einflussnahme in eine islamkonforme Ordnung zu ändern.[120] Vom Personenpotenzial gibt das Bundesamt für Verfassungsschutz für das Jahr 2021 10.000 Personen an, die der Bewegung in Deutschland zuzurechnen sind. Die gleiche Zahl wird auch für 2019 und 2020 angegeben.[121] Die Bewegung Millî Görüş besteht aus mehreren Vereinigungen, die durch die ihnen gemeinsame Ideologie und den Gründer Erbakan zusammengehalten werden, so z.B. SAADET Europa e.V. und die 1985 gegründete Islamische Gemeinschaft Millî Görüş e.V. (IGMG), beide mit Sitz in Köln.[122] Der genannte Kölner Verein SAADET Europa e.V. besteht seit 2017 und ist die Zentrale der Regionalvertretungen der Saadet Partisi („Glückseligkeitspartei") in Deutschland und Europa. Ihr Ziel ist die Verbreitung der Ideologie von Millî Görüş und sie unterstützen die Mutter-

119 Bundesamt für Verfassungsschutz, 2021, S. 226.

120 Ebenda, S. 176.

121 Ebenda, S. 181.

122 Ebenda, S. 197/198 und auch S. 226.

partei Saadet Partisi, die seit 2011 die Millî-Görüş-Bewegung politisch in der Türkei vertritt.[123]

Bei der IGMG handelt es sich um einen Moscheeverband, der einen Schwerpunkt auf den Bildungsbereich legt. Das Bundesamt für Verfassungsschutz stellt fest: „Extremismusbezüge der IGMG sind in den vergangenen Jahren schwächer geworden."[124] Sie wird allerdings vom Bundesamt für Verfassungsschutz und einigen westdeutschen Landesämtern für Verfassungsschutz beobachtet. Die IGMG verfügt über eine auch auf Deutsch verfügbare Webseite (www.igmg.org), in der sie sich selbst beschreibt und auf der man die jeweiligen Freitagspredigten einsehen kann. Zudem kann man dort die Standorte der Moscheen in Europa sehen und auch die Zeitschriften „Perspektif" und „Camia" sind dort verfügbar [Stand: 10.09.2022]. Die Europa-Ausgabe der „Millî Gazete", das Sprachrohr der Millî Görüş, ist ebenfalls in Deutschland erhältlich.

Es besteht eine Zusammenarbeit zwischen IGMG und der Diyanet (türkische Religionsbehörde) bzw. der Ditib, einem Moscheeverband, der Moscheen für türkischstämmige Musliminnen und Muslime organisiert und vertritt. Die Imame der Ditib werden als türkische Staatsbeamte durch die Diyanat nach Deutschland entsandt. Im Jahr 2018 waren beispielsweise 43 Imame der Diyanet in Gemeinden der IGMG tätig.[125] Zudem bestehen auch weitere Kooperationen zwischen der Ditib und IGMG.[126] Auf Facebook und Instagram sind sowohl IGMG als auch der SAADET Europa e.V. vertreten. Hier finden sich überwiegend Posts in türkischer Sprache. Ende 2013 wurde in Solingen (NRW) ferner die „Europavertretung der Erbakan-Stiftung" gegründet, die lokale und regionale Strukturen ausbauen will. Der Vorsitzende der 2013 gegründeten türkischen Erbakan-Stiftung ist dessen Sohn Fatih.[127]

8.2 Kalifatstaat (Hilafet Devleti)

Beim sogenannten „Kalifatstaat" handelt es sich um eine Organisation, die von dem türkischen Prediger Cemaleddin Kaplan (1926–1995) in Köln gegründet wurde. Sie bestand bis zu ihrem Verbot im Jahr 2001. Im Jahr 2002 wurden auch Nachfolgeorganisationen verboten. 1984 hatte sich der Verband der islamischen Vereine und Gemeinden e.V. (*İslami cemiyet ve cemaatleri birliği* = ICCB) von der Millî-Görüş-Bewegung abgespalten. Im Jahr 1992

123 Ebenda, S. 227.

124 Ebenda, S. 228.

125 Zeit.de, 2018.

126 Graefe, 2015.

127 Bundesamt für Verfassungsschutz, 2015, S. 228.

rief Kaplan den Förderalistischen Islamischen Staat Anatolien (AFID) und sich selbst als Emir aus. Zwei Jahre später ernannte sich Kaplan selbst zum Kalifen. Ideologisch ging es ihm um die Etablierung seines Kalifats auf der Basis der Scharia, zunächst in der Türkei und dann weltweit. Er lehnte Demokratie und Säkularismus ab. Kaplans Ideologie ist geprägt vom Antisemitismus und der Ermutigung zum Einsatz für den Glauben im bewaffneten Dschihad. Cemaleddin Kaplan verstarb bereits ein Jahr nach seiner Selbsternennung zum Kalifen. Nachfolger wurde sein Sohn Metin Kaplan, der im Jahr 2000 wegen Anstiftung zum Mord an einem seiner Widersacher verurteilt und nach der Haft in die Türkei abgeschoben wurde. Für die salafistische Bewegung in Deutschland ist der Kalifatstaat auch deshalb relevant, weil ehemalige Anhängerinnen und Anhänger dort nach seinem Verbot eine neue ideologische Heimat fanden.[128]

8.3 „Die wahre Religion" und die „Lies!"-Kampagne

Zwischen den Jahren 2011 und 2016 wurden in Deutschland und anderen europäischen Staaten öffentlichkeitswirksam Korane verteilt, was zu angeregten politischen Diskussionen führte. Dabei war das angekündigte Ziel der Protagonisten, Übersetzungen des Korans hauptsächlich an Nichtmusliminnen und Nichtmuslime zu verteilen, um diese zum Islam zu bekehren. Jeder deutsche Haushalt sollte mittels dieser Missionierungsaktion (Daua) einen Koran erhalten. Verteilt wurde von Ständen aus oder durch Personen mit auffälligen Rückentragen. Organisiert wurde die Kampagne vom salafistischen Prediger Ibrahim Abou-Nagie und der von ihm gegründeten Gruppierung „Die wahre Religion". Die Übersetzung selbst war nicht neu und wurde zum ersten Mal bereits im Jahr 1983 vom ägyptischen Übersetzer Muhammad Ibn Ahmad Ibn Rassoul publiziert. Es ist eine handwerklich gelungene Übersetzung, die von sich selbst zurecht behauptet, „die ungefähre Bedeutung" des Korans in deutscher Sprache wiederzugeben. Damit sind sicherlich nicht die Bedenken aus den Kreisen der Islamwissenschaft und Arabistik adressiert, die eine so kurze und komplett unkommentierte Version eines sehr frühen arabischen Textes nur bedingt gutheißen können. Die Betonung darauf, dass der Koran eigentlich nicht übersetzbar sei, hat auch fundamentalistische Hintergründe. Als wahres Wort Gottes, das immer währt und nicht verändert werden darf, kann eine Übersetzung des Korans von Extremistinnen und Extremisten nur bedingt gutgeheißen werden.

Das Buch an sich ist daher eigentlich sicherheitspolitisch unproblematisch. Es handelt sich um eine mögliche Übersetzung des Korans. Bemängelt wurde zu

128 Ministerium des Innern des Landes Nordrhein-Westfalen, „Kalifatsstaat (Hilafet Devleti)", 2017.

Beginn per Pressegesetz das fehlende Impressum. Später wurde von den Herstellern nachgebessert und die Korane mit einem Impressum der „Lies!“-Stiftung publiziert. Die Vereinigung „Die wahre Religion“ alias „Lies!“-Stiftung/ „Stiftung Lies“ wurde am 15.11.2016 durch das BMI verboten und damit wurde auch die Verteilaktion eingestellt. Das Verbot mittels Vereinsgesetz wurde damit begründet, dass sich die Vereinigung gegen die verfassungsmäßige Ordnung sowie gegen den Gedanken der Völkerverständigung richte. Während der Verteilaktion wurden junge Menschen angesprochen und danach in privaten weiteren Treffen so weitgehend radikalisiert, dass ca. 140 von ihnen ins Kriegsgebiet in Syrien und im Irak ausreisten.[129] Viele von ihnen sind dort ums Leben gekommen. In Frankfurt am Main war der kurdischstämmige Bilal Gümüs jahrelang für die Logistik der „Lies!“-Kampagne verantwortlich. Er soll auch die Verfügungsmacht über ein Konto gehabt haben, auf das Spendengelder für die „Lies!“-Initiative flossen. Im Dezember 2018 wurde er zu drei Jahren und sechs Monaten Haft verurteilt, weil ihm nachgewiesen werden konnte, dass er einen 16-Jährigen radikalisiert und dabei unterstützt hatte, zum Kampf ins Kriegsgebiet auszureisen. Er hatte ihm das Flugticket bezahlt. Der 16-Jährige starb bei Kampfhandlungen.[130] Nach dem Verbot von „Die wahre Religion“ und der Auflösung der „Lies!“-Kampagne, bei der 20.000 Korane konfisziert wurden, die bis heute mit unklarer Zukunft in einer Liegenschaft der Bundeswehr in NRW gelagert werden,[131] trat eine neue Verteilaktion in Erscheinung. Diese nannte sich „We love Muhammad“. Die von dem salafistischen Prediger Pierre Vogel und dem oben genannten Bilal Gümüs organisierte Kampagne verteilte Muhammad-Biographien und andere salafistische Materialien mobil in Innenstädten in Deutschland und der Schweiz. Aufgrund der Inhaftierung und der Verurteilung des Bilal Gümüs erlitt die Kampagne allerdings einen Schlag, von dem sie sich nicht mehr erholte.[132] Ziele der Kampagnen waren nicht nur die Verteilung des Korans oder von Informationsmaterialien über den Islam, sondern dezidiert die Propaganda von salafistischen Inhalten und die Rekrutierung neuer Anhängerinnen und Anhänger, die in den Kampf und nachweislich in den Tod geschickt wurden – teilweise nachdem sie selbst zu Kriegsverbrechern geworden waren. Zudem enthielten auch die Informationsmaterialien Propaganda im Sinne der Islamauslegung der jeweiligen salafistischen Gruppierungen.

---

129 Majic, 2018.

130 Herrmann, 2018.

131 Schneider, 2022.

132 Majic, 2018/2019.

8.4 Salafistische Prediger

Es gibt verschiedene Prediger, die für die salafistische Szene höchst relevant sind. Dabei ist zu unterscheiden zwischen Predigern vor Ort, die einen Kreis von Anhängern um sich scharen, und Predigern, deren Beiträge überwiegend online konsumiert werden, d.h. überregional oder sogar international tätige Personen, die teilweise vom Ausland aus überwiegend online ihre Ideologie verbreiten und dadurch auch in Deutschland und anderen europäischen Ländern eine breite Rezeption erfahren.

Dabei sind die vor Ort tätigen Prediger allerdings häufig auch online sehr präsent. Sie sprechen ihre Anhängerinnen und Anhänger vor Ort an, aber es gibt von ihnen oftmals auch Youtube-Kanäle oder auch eine Präsenz auf Instagram, TikTok etc., da ihre potenzielle Zielgruppe, d.h. hauptsächlich junge Menschen, auf diesen Sozialen Medien präsent ist. Auffällig sind auch die sehr jugendaffin gestalteten Inhalte, die vor allem Themen adressieren, die junge Menschen in der Findungsphase ansprechen.

Beispiele für salafistische Prediger sind der bereits mehrfach genannte Pierre Vogel, aber auch Personen wie der ebenfalls oben genannte Ibrahim Abou-Nagie, Ahmad Armih alias Abul Baraa und ehemals auch Sven Lau. Prediger sind natürlich nicht nur im salafistischen Spektrum unterwegs, sondern es gibt auch einflussreiche Gestalten anderer Strömungen. Zu berücksichtigen ist ebenfalls, dass viele Prediger zudem international über das Satellitenfernsehen und/oder online ihre Propaganda verbreiten und dadurch auch junge Menschen in Deutschland ihre Predigten schauen können. Ein Beispiel dafür ist etwa der indischstämmige Zakir Naik, der in Malaysia lebt und über Fernsehen/Internet seine Predigten auf Englisch verbreitet, oder der palästinensisch-amerikanische Prediger Ahmad Musa Jibril, der nicht nur bei englischsprachigen IS-Sympathisantinnen und -Sympathisanten sehr beliebt ist.

Über Jahrzehnte hinweg war der einflussreichste TV-Prediger der in Qatar im Exil lebende ägyptische Muslimbruder Yusuf al-Qaradawi (1926–2022). Er unterhielt neben seiner Talkshow auf Al-Jazeera „Die Scharia und das Leben" auch die Webseite „Islamonline.net" und erreichte damit Millionen. In seinen Fatwas belobigte er den Holocaust, rechtfertigte Selbstmordattentate der HAMAS (siehe Kapitel 6.2 Selbstmordattentate), sprach sich vehement gegen Homosexualität aus und erkannte das Schlagen der nicht gehorsamen Ehefrau als eine im Koran aufgezeigte Möglichkeit an, diese zu züchtigen.[133]

Neben den bereits genannten Predigern der salafistischen Bewegungen und der Muslimbruderschaft gibt es auch weniger bekannte Akteure in manchen

133 Al-Jazeera, 2004.

Moscheevereinen oder anderen Lokalitäten, welche Inhalte, die der freiheitlichen demokratischen Grundordnung widersprechen, predigen. Durch eine Predigttätigkeit können solche Menschen einen großen Personenkreis erreichen.

8.5 Wuppertaler „Scharia-Polizei“

Im Jahr 2014 zogen sieben Salafisten bekleidet mit orangenen Warnwesten mit der Aufschrift „Shariah-Police“ durch Wuppertal. Gegründet wurde diese Initiative von dem ehemaligen Berufsfeuerwehrmann und Konvertiten Sven Lau, genannt „Abu Adam“. Dieser stand dem Mönchengladbacher Moscheeverein „Einladung zum Paradies“ vor, einem der (bis 2011) wichtigsten salafistischen Treffpunkte in Deutschland. Sven Lau war ein bedeutender salafistischer Hassprediger, sagte sich jedoch im Zuge eines Gefängnisaufenthalts von der Szene los.[134]

Das Ziel der selbst ernannten „Scharia-Polizei“ war es, Muslime anzusprechen und diese von Glücksspiel, dem Konsum von Alkohol, Musik und Prostitution abzuhalten. In der Folge wurden die Teilnehmenden wegen eines Verstoßes gegen das Versammlungsgesetz in Verbindung mit dem Tragen von Uniformen angeklagt, jedoch zunächst freigesprochen.[135] Nach einem Urteil des Bundesgerichtshofs wurden sie dann allerdings zu Geldstrafen verurteilt.[136]

8.6 Gruppierungen mit einer ideologischen Nähe zur Hizb ut-Tahrir (HuT)

8.6.1 Generation Islam

Generation Islam (GI) wurde 2014 gegründet und wendet sich an junge Musliminnen und Muslime. Relevante Sprecher dieser Gruppierung sind Umar Qadir und Ahmad Tamim, wobei es sich bei diesen laut der Islamwissenschaftlerin Hanna Baron in einem Artikel auf der Seite der Bundeszentrale für politische Bildung möglicherweise um Pseudonyme handelt. Sowohl Generation Islam als auch Realität Islam (siehe Kapitel 8.6.2) werden von Baron als Gruppierungen mit „einer deutlichen Nähe zum Gedankengut“ der verbotenen HuT betrachtet.[137]

---

134 Kupfer, 2019.

135 Hempel, 2018.

136 Spiegel online, 2019.

137 Baron, 2021.

Generation Islam verfügt über eine hochprofessionelle Internetseite (www.generation-islam.de) und ist zudem auf Facebook, Twitter, Instagram und Youtube aktiv, wo sie ihre Inhalte entsprechend zielgruppengerecht aufarbeitet. Auf Facebook hat die Vereinigung 73.053 Follower und 65.382 „gefällt mir"-Angaben [Stand 10.09.2022], wobei die Seite am 12.07.2013 erstellt wurde. Seit Oktober 2014 ist sie zudem bei Twitter (jetzt X) vertreten und hat dort 6.348 Follower [Stand 10.09.2022]. Bei Instagram hat sie 1.700 Beiträge und 66.000 Follower [Stand 10.09.2022]. Auf Youtube, dem sie am 22.07.2022 beigetreten ist, hat sie 50.400 Abonnenten und 5.898.413 Aufrufe für ihre Videos [Stand 10.09.2022].

Das Logo von Generation Islam. Abgerufen von der Facebook-Seite von Realität Islam am 03.09.2022.

Die Auffassungen von Generation Islam werden beispielsweise in dem Video „Der Westen und der Kampf der Ideen" deutlich, wo Generation Islam von einem „Kulturkampf" zwischen der westlichen Welt und dem Islam spricht. In demselben Video stellen sie den „freiheitlichen Liberalismus", der in der Aufklärung entstanden sei, als „Monotheismus des Westens" dar. Eine Auseinandersetzung zwischen „dem Islam" und „dem Westen" sieht Generation Islam als „weltanschauliche Konsequenz" an. Der Islam und die westlichen Auffassungen sind nach Generation Islam „... nicht kompatibel und keiner kann den anderen adaptieren oder integrieren." Die Rede ist von einem „Wertezusammenprall". In dem Video sagen sie: „Damals wie heute bekämpfte der Westen – mit allen Mitteln – die islamische Welt samt ihren islamischen Ideen und nutzt jedes nur erdenkliche Mittel, um sie auszulöschen". Es gebe einen Kampf der Ideen zwischen dem Islam und dem Liberalismus. Der Islam sei ein „globales Feindbild" der „westlichen Welt" und ein „erneuter Kreuzzug" sei ausgerufen worden.[138] Hier einige Screenshots aus dem genannten Video von Generation Islam:

138 Generation Islam, „Der Westen und der Kampf der Ideen", 05.09.2021.

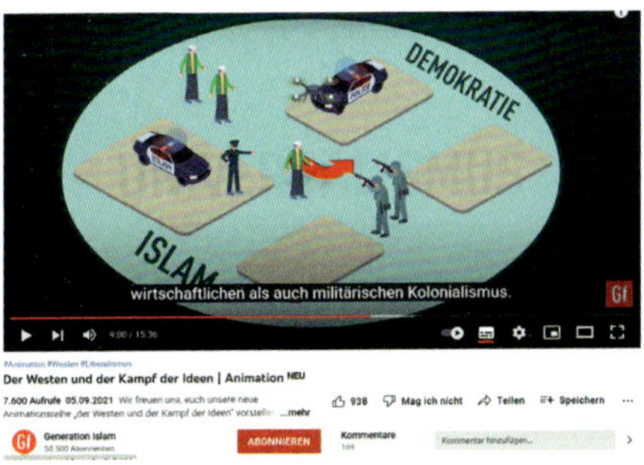

Screenshots aus dem Youtube-Video „Der Westen und der Kampf der Ideen“ von Realität Islam [abgerufen am 03.09.2022].

Generation Islam koordinierte im April 2018 die Twitter-Aktion „#NichtOhne MeinKopftuch" in Bezug auf ein Kopftuchverbot für unter 14-jährige Schülerinnen an Schulen in Nordrhein-Westfalen.

Generation Islam
@genislam1

#NichtOhneMeinKopftuch #Twitterstorm
#jetzterstrecht

Am #Sonntag entfachen wir erneut einen Twitterstorm. Verbreitet diese Nachricht an all Eure Freunde und Mitmenschen. Erstellt Euch einen Twitter-Account und folgt den Konten von Generation Islam, Ahmad Tamim und Umar Qadir.

Diese Medien enthalten möglicherweise sensible Inhalte.
Einstellungen ändern
Anzeigen

7:36 nachm. · 29. Mai 2019 · Twitter for iPhone

Generation Islam
@genislam1

und der Staat hat diese in den letzten Jahren mit Hass und Angst gegenüber Muslimen gefüllt. Hier wird also Ursache und Wirkung durcheinander gebracht: Das Problem ist nicht das Kopftuch, sondern die Intoleranz derjenigen, die damit ein Problem haben #NichtOhneMeinKopftuch

9:09 nachm. · 15. Apr. 2018 · Twitter Web Client

275 Retweets 19 Zitierte Tweets 364 „Gefällt mir"-Angaben

Tweets von Generation Islam [abgerufen am 10.09.2022].

Generation Islam sieht das Tragen des Kopftuchs für Frauen als Pflicht an und gibt Eltern Tipps, wie sie ein „islamisches" Umfeld für ihre Töchter aufbauen können, damit diese den Hidschab tragen. So tragen laut Generation Islam etwa geschminkte und unbedeckte Freundinnen nicht dazu bei, dass die Tochter Hidschab tragen möchte. In einem Video behandeln sie das Beispiel eines 14-jährigen Mädchens, für welches das Tragen des Hidschabs laut Realität Islam bald zur Pflicht werde.[139] Bei Generation Islam finden sich zudem antisemitische und auch anti-queere Inhalte.

139 Generation Islam, „Meine TOCHTER möchte NICHT den Hijab tragen | Ramadan deine Chance", 28.04.2022.

Instagram-Post von Generation Islam [abgerufen am 10.09.2022].

Instagram-Post von Generation Islam [abgerufen am 10.09.2022].

8.6.2 Realität Islam

Bei der Gruppe Realität Islam (RI) handelt es sich um eine Gruppe, die laut dem Hessischen Verfassungsschutzbericht eine ideologische Nähe zur verbotenen HuT aufweist.[140] Die Gruppe wurde im Jahr 2015 gegründet.[141] Sie ist in Mörfelden-Walldorf (Kreis Groß-Gerau) ansässig und ist schwerpunktmäßig in den sozialen Medien aktiv. Ein Twitter-Account dieser Gruppierung wurde im Oktober 2020 gesperrt.[142] Sie ist jedoch auf Facebook und Instagram aktiv und hat einen Youtube-Kanal. Auf Facebook hat Realität Islam 38.368 „gefällt mir"-Angaben und 44.252 Follower [Stand 10.09.2022]. Hier findet sich eine Anschrift in Frankfurt am Main [Stand 10.09.2022]. Realität Islam ist Youtube am 22.11.2015 beigetreten und hat aktuell 1.583.038 Aufrufe bei 18.700 Abonnenten [Stand 10.09.2022]. Auf Instagram haben sie 1.628 Beiträge bei 24.1000 Followern und 208 Abonnements [Stand 10.09.2022]. Seit Oktober 2021 hat Realität Islam einen Twitter-Kanal mit derzeit 757 Followern. Als Ort wird dort ebenfalls Frankfurt am Main angegeben und nicht Mörfelden-Walldorf [abgerufen am 10.09.2022]. Für ihre Auftritte nutzt Realität Islam folgendes Logo:

Beispielhaft Logo von Youtube-Kanal der Gruppe Realität Islam [abgerufen am 10.09.2022].

Sie verfügt auch über eine eigene Webseite mit der Adresse www.realitaet-islam.de – allerdings befindet diese sich derzeit im Wartungsmodus [Stand 10.09.2022].

Realität Islam war laut Bericht des Landesamtes für Verfassungsschutz Hessen zunächst auf Facebook aktiv und erweiterte ihren Aktionsradius dann um Auftritte auf Instagram, Youtube und Twitter. Sie hatte im Corona-Jahr 2020 keine Auftritte in der „Realwelt".[143] Realität Islam ist aber nicht nur durch soziale Medien, sondern auch durch Flugblattverteilaktionen in anderen Bundesländern als in Hessen aktiv. Der Sprecher von Realität Islam, Raimund Hoffmann, traf sich zudem mit dem niedersächsischen politischen Salafisten

140 Landesamt für Verfassungsschutz Hessen 2020, S. 194.

141 Baron, 2021.

142 Landesamt für Verfassungsschutz Hessen 2020, S. 194.

143 Ebenda, S. 200.

Marcel Krass.[144] Realität Islam bemühte sich auch um Annäherung an Moscheevereine.[145] Raimund Hoffmann und Ali Kil sind die beiden wichtigsten Sprecher der Gruppierung. Ein Buch Hoffmanns zum Leben von Juden und Christen in einem möglichen Kalifat wurde auch auf der offiziellen HuT-Webseite beworben.[146]

Realität Islam äußert sich in den sozialen Medien zu unterschiedlichen Themen. Deutlich wird ihre Agenda und ideologische Anbindung beispielsweise in dem Video „Die Wahrheit hinter der „Präventionsarbeit““ (hochgeladen am 25.08.2023), in welchem sich Raimund Hoffmann kritisch mit der Islamismusprävention von staatlichen und zivilgesellschaftlichen Trägern auseinandersetzt. Hoffmann stellt in diesem Video seine Auffassung dar, dass die deutsche Politik die Identität der Muslime „ins Visier“ nehme. Sie habe eine „Assimilationsagenda“, vor der Realität Islam warnt. Politischer Wille sei es, Muslime zu einem „wertebereinigten deutschen Islamverständnis“ zu bekehren, in dem Muslime „in ihrer natürlichen Form“ keine Daseinsberechtigung hätten.[147] Auffällig ist, dass Hoffmann in diesem Video den Eindruck erweckt, dass er generell im Namen aller Muslime spricht. In den sozialen Medien wird von Realität Islam die Opferrolle von Musliminnen und Muslimen gerne herausgestellt, auch beispielsweise in Bezug auf das Kopftuch.

Beitrag von Realität Islam auf Instagram [abgerufen am 10.09.2022].

144 Ebenda.

145 Ebenda, S. 201.

146 Baron, 2021.

147 Realität Islam, 2022.

Auch antisemitische Inhalte finden sich auf den sozialen Kanälen, wie z.B. dieses Bild:

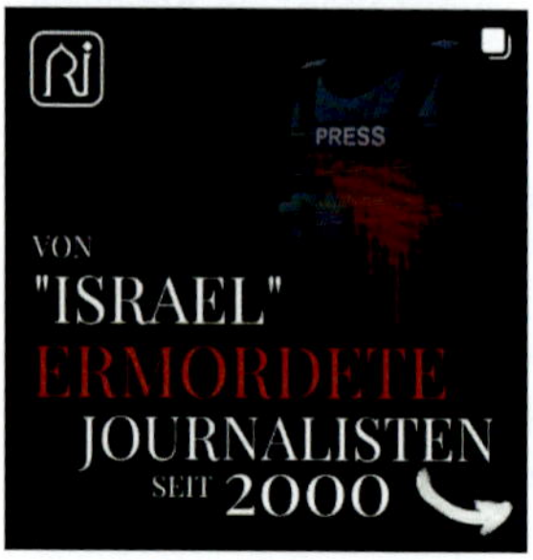

Beitrag von Realität Islam auf Instagram [abgerufen am 10.09.2022].

Gepostet werden zudem anti-queere Inhalte, wie etwa in dem Video „Wurde LGBTQ Halal zertifiziert?", in dem sich Raimund Hoffmann polemisch mit der Kampagne „Liebe ist halal" und der Juristin und liberalen Muslimin Seyran Ateș auseinandersetzt. Die Personen, die in dieser Kampagne agieren, werden von ihm negativ als „Reformer" und „Pseudo-Muslime" bezeichnet. Er betrachtet die Kampagne als Angriff auf die muslimische Identität. Ateș' Ibn Rushd-Goethe Moschee in Berlin wird als „Tempel" und „Vereinsheim" abgewertet. Auch die staatliche Unterstützung der Kampagne wird negativ bewertet.[148] Auch gegen andere liberale Muslime wendet sich Realität Islam.

8.6.3 Muslim Interaktiv

Bei Muslim Interaktiv handelt es sich um eine relativ neue Gruppierung, die 2020 zum ersten Mal aufgetreten ist. Sie wird vom Hamburger Verfassungsschutz ebenfalls in der Nähe der HuT eingeordnet.[149] Ihre Ziele und Inhalte weisen zudem große Ähnlichkeiten zu den bereits bestehenden Gruppierungen Realität Islam und Generation Islam auf. Die Gruppe Muslim Interaktiv stammt aus Hamburg und ist überwiegend dort und in Berlin aktiv.

Muslim Interaktiv greift Themen auf, die vor allem junge Musliminnen und Muslime in Deutschland beschäftigen, wie z.B. das Thema Diskriminierung, und versucht dadurch, ihre Ideologie zu platzieren. In ihrem Youtube-Video „Wer ist Muslim Interaktiv? I #DieMaskensindgefallen" (hochgeladen am 07.06.2021) nehmen sie Stellung zu ihrer Gruppierung und ihren Zielen.

148 Realität Islam, 2021.

149 Behörde für Inneres und Sport Hamburg, 2020.

Sie beschreiben, dass sie den öffentlichen Diskurs beeinflussen wollen, insbesondere solche Themen, die Muslime betreffen. Sie wollen die Kraft und Stärke der muslimischen Jugend aktivieren und politische Themen aufdecken und mitgestalten. Dabei wollen sie der muslimischen Jugend eine Stimme verleihen. Der Westen führe einen ideologischen Kampf gegen den Islam. Angeblich wolle der Westen die Muslime dazu bringen, die eigenen Werte aufzugeben, damit diese sich der vorherrschenden Kultur komplett unterwerfen. Auch in einer Gerichtsszene in diesem Video wird eine starke Polarisierung zwischen „denen“ (Politik, Medien etc.) und „den Muslimen“ gezeichnet.[150]

Neben Youtube-Videos wie dem eben genannten produziert Muslim Interaktiv auch hoch professionelle Bilder für Instagram. Die Gruppe ist auch auf TikTok aktiv. Auf TikTok sind besonders viele Aktivitäten zu verzeichnen. Muslim Interaktiv hat zudem 21.600 Follower und 538.100 Likes [Stand 24.08.2022]. Bei Instagram hat sie derzeit 8.487 Follower und 145 Posts[Stand 24.08.2022]. Auf Youtube hat sie einen Kanal mit 2.630 Abonnenten und derzeit 11 geposteten Videos mit zwischen 1.349 und 15.240 Aufrufen [Stand 24.08.2022]. Beigetreten ist Muslim Interaktiv hier am 03.03.2020 und hat derzeit insgesamt 78.899 Aufrufe [Stand 24.08.2022]. Auch über eine Facebook-Seite verfügt die Gruppe. Diese gefällt derzeit 341 Personen und sie hat 442 Follower [Stand 24.08.2022]. In der Info auf Facebook steht, dass es sich um eine Jugendorganisation handele. Auffällig ist, dass die Inhalte für alle Medien sehr an die Zielgruppen angepasst und professionell gestaltet sind.

Auch ihr öffentliches Auftreten bei Aktionen ist an ihrer Zielgruppe orientiert. Bei Auftritten und in ihren Social-Media-Kanälen nutzt sie deutlich ihr Logo, bestehend aus der Kaaba in einem Blutstropfen.

Beispielhaft Logo von Muslim Interaktiv vom gleichnamigen Youtube-Kanal [abgerufen am 10.09.2022].

Die Videos und das gesamte Online-Auftreten von Muslim Interaktiv sind hochprofessionell und jugendaffin gestaltet. Es sind überwiegend männliche Personen zu sehen. Die Gruppe ist bei gemeinsamem Auftreten mit schwarzen und mit ihrem Logo versehenen Hoodies und zum Teil auch gleichfarbigen

150 Muslim Interaktiv, 2021.

Corona-Masken bekleidet. Es wirkt dadurch uniform und martialisch und hat Ähnlichkeiten zum Auftreten der Identitären.

Instagram-Post von Muslim Interaktiv vom 12.02.2022 von einer Kundgebung in Hamburg zu Gunsten der Uiguren[151] in China (dasselbe Bild findet sich an demselben Tag auch auf der Facebook-Seite von Muslim Interaktiv).

Muslim Interaktiv stellt Deutschland als eine „muslimfeindliche Gesellschaft" dar, die die Muslime zur Assimilation zwingt. Zudem werden Musliminnen und Muslime zu Opfern stilisiert. Eine klare Polarisierung findet sich ferner zwischen der muslimischen und der westlichen Welt. Die Gruppierung versucht durch ihre Videos, den Staat und auch Medien als Feind der Musliminnen und Muslime darzustellen und schafft dadurch gesellschaftliche Spaltung. Es werden sowohl antisemitische als auch anti-queere Botschaften vermittelt.

151 Bei den Uiguren handelt es sich um eine turksprachige Ethnie, die dem Islam angehört. Sie erleiden Verfolgung und Umerziehung durch den chinesischen Staat.

Instagram-Post von Muslim Interaktiv vom 12.08.2022 mit einem bekannten antisemitischen Stereotyp (dasselbe Bild findet sich an demselben Tag auch auf der Facebook-Seite von Muslim Interaktiv).

Instagram-Post von Muslim Interaktiv vom 07.11.2021 (dasselbe Bild findet sich am selben Tag auch auf der Facebook-Seite von Muslim Interaktiv).

8.7 Schiitischer Extremismus in Deutschland

Weltweit wird der schiitische Extremismus direkt über das iranische Regime gefördert. Seit dem Sieg der sogenannten „islamischen Revolution“ im Jahr 1979 hat es sich die iranische religiöse Elite zur Aufgabe gemacht, die Revolution und ihre Ideologie überallhin zu exportieren. Dazu gehört auch die Produktion des entsprechenden Schriftgutes und die Übersetzung und Verbreitung von anderen Texten, die zur Ideologie passen. Bestandteil davon sind auch antisemitische Schriften wie z.B. die „Protokolle der Weisen von Zion“, welche in einer englischen Variante aus der iranischen Hauptstadt Teheran heraus verbreitet werden.[152] Der Antisemitismus und der Kampf gegen den Staat Israel in einer vorgeblichen Unterstützung der sunnitischen Palästinenser ist ein integraler Bestandteil der extremistischen iranischen Staatsideologie. Noch im Jahr 1979 erfand Chomeini den „Al-Quds Tag“ und legte ihn öffentlichkeitswirksam für den letzten Freitag des Fastenmonats Ramadan fest. „Al-Quds“ bedeutet „Jerusalem“ und steht in diesem Kontext für die Forderung einer „Rückeroberung“ bzw. Vernichtung Israels. Neben der Hetze gegen Israel spielt auch die Hetze gegen die USA im Kontext der schiitischen extremistischen Ideologie eine wichtige Rolle. Die Revolutionsgarden trainieren und unterstützen weltweit schiitische Milizen in bewaffneten Konflikten und Kriegen. Die Hisbollah wurde von ihnen im Libanon mitgegründet.

8.7.1 Hisbollah

Die Hisbollah (Partei Gottes) besteht aus einer Partei und bewaffneten Milizen, die im libanesischen Bürgerkrieg (1975–1990) entstanden und weiterhin aktiv sind. Die Kämpfer der Hisbollah wurden und werden von den iranischen Revolutionsgarden unterstützt und trainiert. Während des Bürgerkriegs besetzte Israel den Süden Libanons und im Jahr 1982 sogar die Hauptstadt Beirut. Die Kämpferinnen und Kämpfer der Hisbollah verübten nicht nur Selbstmordattentate und Geiselnahmen gegen israelische Truppen, sondern setzten auch konventionelle Waffen ein.

Ähnlich wie die Muslimbruderschaft unterhält die Hisbollah viele Wohltätigkeitsnetzwerke und erwirkt damit im Libanon die Sympathie nicht nur der schiitischen Bevölkerung. Seit 2015 ist sie im libanesischen Parlament vertreten. In den USA, in Kanada und Israel ist die Hisbollah als Terrororganisation eingestuft. In der EU und damit auch Deutschland gilt lediglich der bewaffnete Arm der Hisbollah als Terrororganisation, was dazu führt, dass an den „Al-Quds Tagen“ auch Hisbollah-Flaggen bei Demonstrationen mitgeführt

152 Ohne Autorenangabe: *„Jewish Conspiracy – The Protocols of the Learned Elders of Zion“*, Islamic Propagation Organization, Teheran, 1405/1985.

werden. Der derzeitige Anführer der Hisbollah ist Hassan Nasrallah, der von Beirut aus die Organisation befehligt.

Ein wichtiger Bestandteil des schiitischen Extremismus und damit auch der Ideologie der Hisbollah ist der Märtyrerglaube, der auch dafür genutzt wird, junge Menschen in Not dazu zu verführen, sich für Selbstmordattentate zur Verfügung zu stellen.

8.7.2 Extremistische schiitische Vereine in Deutschland

In Deutschland ist bislang vor allem das „Islamische Zentrum Hamburg" mit seiner Blauen Moschee öffentlich in Bezug zum schiitischen Extremismus in Erscheinung getreten. Es steht unter Beobachtung des Verfassungsschutz und gilt als direkte Vertretung des iranischen „Führers" Chamenei in Deutschland. Es organisiert regelmäßig den „Al-Quds Tag" im Bundesgebiet logistisch und ideologisch. Im Juni 2022 wurde der stellvertretende Leiter Sayed Soliman Mousavifar ausgewiesen, weil ihm Beziehungen zu Spendenorganisationen der Hisbollah nachgewiesen werden konnten. Forderungen nach der Schließung des Zentrums wurden ebenfalls seit den anhaltenden Protesten im Iran geäußert. Es kann davon ausgegangen werden, dass das „Zentrum der islamischen Kultur Frankfurt e.V." ebenfalls über enge Beziehungen zum iranischen Regime verfügt.

Zwischen 1997 und 2004 existierte der eingetragene Verein „Waisenkinderprojekt Libanon" (später umbenannt in „Farben für Waisenkinder e.V.") als wenig konspirative Nebenorganisation der Hisbollah in Deutschland. Laut Satzung unterstützten die Vereinsmitglieder Kriegswaisen im Libanon. Es konnte dem Verein allerdings nachgewiesen werden, dass er mit den Geldern über die „Schahid Stiftung" der Hisbollah Familien von Selbstmordattentäterinnen und Selbstmordattentätern unterstützte. Im Zeitraum von 2007 bis Ende August 2013 überwies der Verein drei Millionen Euro an diese Märtyrerstiftung.[153] Deshalb wurde er vom BMI verboten. Drei Ersatzorganisationen „Deutsche Libanesische Familie e.V.", „Menschen für Menschen e.V." und „Gib Frieden e.V." wurden im April 2021 ebenfalls verboten.

153 Bundesamt für Verfassungsschutz, „Drei Spendensammelvereine wegen Terrorfinanzierung verboten", ohne Datum.

Zusammenfassung

Millî Görüş („Nationale Sicht")

- Ursprung in der Türkei, weltweite Verbreitung
- Gründer Necmettin Erbakan
- gehört zum legalistischen Islamismus
- mehrere Vereinigungen, Bewegung (z.B. aus IGMG, SAADET Europa e.V. etc.)
- Personenpotenzial von ca. 10.000 Personen in Deutschland

Kalifatstaat („Hilafet Devleti")

- von dem türkischen Prediger Cemaleddin Kaplan (1926–1995) in Köln gegründet
- 2001 verboten
- aus Millî-Görüş-Bewegung hervorgegangen
- Kaplan betrachtete sich selbst als Kalif
- Kaplan wollte Kalifat auf der Basis der Scharia zunächst in der Türkei und dann weltweit.
- Ehemalige Anhänger fanden oftmals Heimat im Salafismus.

„Die wahre Religion" und die „Lies!"-Kampagne

- Daua-Aktion zur Verteilung von Koranen und salafistischen Materialien
- Rekrutierung neuer Anhängerinnen und Anhänger und Radikalisierung
- Ausreisen und Tod im Kriegsgebiet

Salafistische Prediger

- Prediger vor Ort und online
- Zielgruppe: junge Menschen, daher auch jugendaffine Inhalte und Auftreten
- Auch manche Prediger in Moscheevereinen können problematisch sein.

Wuppertaler „Scharia-Polizei"

- Im Jahr 2014 zogen sieben Salafisten, bekleidet mit orangenen Warnwesten mit der Aufschrift „Shariah-Police", durch Wuppertal.
- gegründet von Sven Lau
- Ziel: Muslime anzusprechen und diese von Glücksspiel, dem Konsum von Alkohol, Musik und Prostitution abzuhalten

Organisationen mit einer ideologischen Nähe zur Hizb ut-Tahrir

- Generation Islam (gegründet 2014), Realität Islam (gegründet 2015) und Muslim Interaktiv (gegründet 2020)
- jugendaffine Inhalte, modernes Auftreten und breite Nutzung des Internets und verschiedener Social-Media-Kanäle
- antisemitische und anti-queere Inhalte
- Verbreitung des Opferdiskurses und einer polarisierten Darstellung: Deutschland gegen muslimische Gemeinschaft

Schiitischer Extremismus in Deutschland

- wird vom Regime der Islamischen Republik Iran seit 1979 erfolgreich weltweit verbreitet
- Der „Al-Quds Tag" wurde von Chomeini als antisemitisches Propagandaevent gegen Israel gegründet und wird jährlich in Deutschland durch Funktionäre des Islamischen Zentrums Hamburg und des Zentrums der islamischen Kultur Frankfurt e.V. organisiert.
- Die iranischen Revolutionsgarden gründeten die Hisbollah und andere bewaffnete schiitische Milizen.
- Der bewaffnete Arm der Hisbollah, die als Partei im libanesischen Parlament vertreten ist, is als terroristische Vereinigung in der EU verboten.
- „Waisenkinderprojekt Libanon" („Farben für Waisenkinder e.V.") wurde als Nebenorganisation der Hisbollah in Deutschland verboten sowie deren drei Ersatzorganisationen „Deutsche Libanesische Familie e.V.", „Menschen für Menschen e.V." und „Gib Frieden e.V.".

9 Die Entstehung des zeitgenössischen Dschihadismus

Für die derzeitigen dschihadistischen Bestrebungen, die darauf abzielen, mit Gewalt eine „islamische" politische und gesellschaftliche Ordnung zu erzwingen, kann das Jahr 1979 als Ursprungsmoment gesehen werden. Drei Ereignisse waren wesentlich für das spätere dschihadistische Denken, welches bis heute in den Schriften der al-Qaida, des IS oder auch der schiitischen Milizen zu erkennen ist.

9.1 Die „islamische Revolution" im Iran und die internationale Fokussierung auf den schiitischen Islamismus

Im Jahr 1978 erhoben sich unterschiedliche politische Bewegungen gegen die Diktatur des Schahs Reza Pahlevi, der als Verbündeter der Westmächte im Kalten Krieg gegen den Kommunismus galt. Weil viele Menschen vom Wert der Religion als Garant gegen Korruption, Unmoral und Sittenverfall überzeugt waren, einigte man sich darauf unter dem Banner einer „islamischen Revolution" gegen den Schah, dessen verschwenderischen Lebensstil und seine Folterknechte vom Geheimdienst SAVAK zu kämpfen. Der wichtigste Ideologe dieses revolutionären schiitischen Islamismus, Ayatollah Rohollah Chomeini, befand sich im Exil in Frankreich. Nach seiner Rückkehr nach Teheran errichtete er ein autoritäres islamistisches Regime, welches bis heute über den Iran herrscht. Der religiöse Führer – also Chomeini bzw. jetzt sein Nachfolger Ali Chamenei – ist dabei der mächtigste Mann im Staat und gilt als weltliches und religiöses Oberhaupt der Zwölferschiiten im Iran. Er befehligt neben der regulären Armee auch noch die Revolutionsgarden, die ihm direkt unterstehen. Diese setzen sich aus Marine, Luftwaffe, Bodentruppen, In- und Auslandsgeheimdiensten zusammen. Bis heute werden sie überall auf der Welt eingesetzt, wo konfessionell beeinflusste Bürgerkriege stattfinden und Sunniten und Schiiten gegeneinander kämpfen. Derzeit ist das in Syrien und im Jemen der Fall. Auch im Irak, wo die Mehrheit der Bevölkerung der Zwölferschia angehört, und im Libanon kamen sie bereits zum Einsatz. Dort bauten sie die islamistische Miliz Hisbollah auf, die gegen Israel eingesetzt wird.

Auf die Machtergreifung Chomeinis erfolgte nicht nur die Etablierung eines islamistischen Staates. Die Revolution sollte mithilfe der Revolutionsgarden und der Verbreitung islamistischer Propaganda weltweit verbreitet werden. Dies beobachteten viele islamistische Bewegungen trotz konfessioneller Unterschiede mit Bewunderung. Gleichzeitig verloren die westlich-liberalen Länder den Iran als Alliierten im Kalten Krieg gegen den Kommunismus. Auch der Verlust eines verlässlichen Öllieferanten beschäftigte die „westliche" Welt. Der größte Schock kam mit der Besetzung der US-amerikanischen Botschaft in Teheran im November des gleichen Jahres. Sie wurde zur längsten Geiselnahme der Geschichte und führte dazu, dass die USA sich über Jahrzehnte hinweg vom Iran ab- und Saudi-Arabien zuwandten. Zugleich wurde der schiitische Islamismus als große Gefahr für die liberalen Demokratien im „Westen" wahrgenommen. Die Herausforderung, die mit der Zunahme unterschiedlicher sunnitischer islamistischer Gruppierungen und Milizen heranwuchs, wurde dadurch bis hin zum ersten Attentat al-Qaidas gegen US-amerikanische Soldaten verkannt.

9.2 Die Besetzung der Großen Moschee in Mekka als Auslöser der saudisch-wahhabitischen Mission

Am 20.11.1979 – nach islamischer Zeitrechnung am 1. Muharram, also am ersten Tag des Jahres 1400 – besetzte eine Gruppe millenaristischer Extremisten die Masdschid al-Haram (die große Moschee von Mekka, die die Kaaba beinhaltet). Die Gruppe, die sich Muslimbrüder nannte, mit dem Netzwerk der Muslimbruderschaft aber nicht in Verbindung stand, forderte das Ende des saudischen Königshauses und die Gründung eines „islamischen" Staates unter der Führung des Mahdi. Der Mahdi ist im islamischen Glauben eine messianische Erlöserfigur, die am Ende aller Zeiten in Erscheinung treten und das islamische Friedensreich begründen soll. Der Mahdi soll nach einigen Vorstellungen genau wie der islamische Prophet Muhammad Ibn Abdullah heißen. Im November 1979 war die große Moschee in Mekka aufgrund des Beginns des neuen islamischen Jahrhunderts sehr gut besucht. Zehntausende Pilger hatten sich dort eingefunden. Der Anführer der Muslimbrüder, der die Moscheebesucherinnen und -besucher als Geiseln nahm, stellte ihnen einen Mann namens Muhammad Ibn Abdullah als Mahdi vor und verkündete, dass das Ende der Welt nahe sei.

Um diese Bedrohungslage zu bewältigen, standen die saudi-arabischen Sicherheitskräfte vor unterschiedlichen Herausforderungen. Erstens durfte die Situation nicht publik werden, weil sie der Legitimität des saudi-arabischen Königshauses erheblichen Schaden zufügen würde. Das Haus der al-Saud bezog nämlich die Legitimität aufgrund seiner Rolle als Garant für die Sicherheit der beiden heiligsten Stätten der islamischen Welt, die für alle Musliminnen und Muslime immer zugänglich gehalten werden mussten. Zweitens ist es gemäß der Koransure 191 verboten, in der heiligen Moschee zu kämpfen. Drittens waren die Sicherheitsbehörden unterschiedlichen Prinzen unterstellt, die aufgrund ihres familieninternen Konkurrenzverhaltens nicht gewillt waren zu kooperieren. Diese Umstände führten dazu, dass ein Medienblackout veranlasst wurde und in der islamischen Welt lediglich bekannt wurde, dass die heiligste Stätte des Islams angegriffen worden war. Weil davon ausgegangen wurde, dass kein gläubiger Muslim so etwas tun würde, wurde in Islamabad (Pakistan) aufgrund der Vermutungen, dass nur die USA dahinterstecken könnten, sofort die Botschaft angegriffen und mehrere Menschen getötet. Aufgrund dessen und weil sie zeitgleich mit der Besetzung ihrer Botschaft in Teheran beschäftigt waren, waren die US-amerikanischen Politikerinnen und Politiker wenig gewillt, sich in Mekka an der Lösung der Lage zu beteiligen. Angefragt um Unterstützung wurde schließlich Paris. Zwei Offiziere der französischen Spezialeinheit GIGN eilten den saudischen Sicherheitsbehörden zuhilfe. Weil Ungläubige den Boden Mekkas nicht betreten dürfen, gibt es unterschiedliche Erzählungen ihrer Beteiligung an diesem Einsatz. Neben der Legende, sie hätten davor zum Islam konvertieren müssen, ist die Behauptung, dass sie in einem Hotel außerhalb Mekkas untergebracht wurden und von da aus die Sicherheitsbehörden berieten, sicherlich die glaubhaftere Version.[154] Die französischen Offiziere hatten eine Tonne Tränengas mitgebracht, um damit die im Untergrund der Moschee verbunkerten Geiselnehmer hinauszutreiben. Damit aber überhaupt mit Waffengewalt eingegriffen werden konnte, waren Verhandlungen mit den damals wichtigsten saudi-arabischen Theologen nötig, die davor allerdings die jungen Männer, die in der Moschee Geiseln genommen hatten, radikalisiert hatten. Für ihre Zustimmung zum Eingriff, die mittels einer Fatwa erfolgte, wurde offenbar eine darauffolgende Radikalisierung der Religionsausübung in Saudi-Arabien zugesichert. Genauso wie die Geiselnehmer hatten nämlich die Theologen – u.a. der spätere Großmufti Bin Baaz – gefordert, dass Saudi-Arabien sich nicht gegenüber „westlichen" kulturellen Einflüssen öffnen dürfe und einen streng wahhabitischen Islam zu praktizieren habe. Der saudi-arabische Präventionsansatz erfolgte daher nach dem Sprichwort: „Kannst du sie nicht besiegen, verbünde dich!" Nicht nur auf der Arabischen Halbinsel wurde in die Auslebung eines extremen Islams investiert. Auch im Ausland – und gerade in Entwicklungsländern – wurden Moscheen und Vereine gebaut und Propagandamaterial verbreitet. Die saudi-arabische Mission erreichte auch Deutschland. Propagandamittel werden von ihr finanziert. Salafistische Prediger in Deutschland unterhalten gute Beziehungen mit Saudi-Arabien. An salafistische Prediger wie Pierre Vogel wurden saudi-arabische Stipendien verliehen, damit sie die

154 Ohne Autorenangabe, „Mecca 1979: The Mosque Siege that Changed the Course of Saudi History", 2019. Siehe auch: Trofimov, 2007, S. 195–197.

wahhabitische Ideologie vor Ort lernen und in ihre jeweilige Heimat tragen konnten.

9.3 Die Besetzung Afghanistans durch die Sowjets und die Entstehung der al-Qaida

Zum Schluss des Jahres 1979 fielen die Sowjets in Afghanistan ein. Von den afghanischen Glaubenskämpfern (Mudschahidin) wurde zum Dschihad gegen die Ungläubigen aufgerufen. Prediger in der arabischen Welt warben um Unterstützung im Land am Hindukusch. Viele radikalisierte Araber wollten sich am Kampf ihrer Glaubensbrüder gegen die Sowjets beteiligen. Ihre Anreise wurde vom Maktab al-Chidamat (Servicebüro) sowohl logistisch als auch ideologisch gefördert. Um die jungen Männer zum Kampf zu motivieren, publizierte der palästinensische Prediger Abdullah Azzam eine Zeitschrift mit dem Titel „Folge der Karawane!“. Finanziert wurden diese Dienstleistungen vom reichen Geschäftsmann Osama Bin Laden. Aus dem Dienstleistungsbüro entwickelte sich „die feste Basis“, d.h. die „al-Qaida“. Während der bipolaren Logik der internationalen Beziehungen im Kalten Krieg wurden die Glaubenskämpfer nicht nur von islamistischen Akteurinnen und Akteuren unterstützt. Auch der „Westen“ und hauptsächlich die USA finanzierten und versorgten die Mudschahidin mit Waffen. Sie ließen sogar spätere Repräsentanten der al-Qaida in den USA selbst um Spenden und Freiwillige im Kampf gegen den Kommunismus werben.

Zusammenfassung

Drei Ereignisse im Jahr 1979 prägten die Entwicklung des zeitgenössischen Dschihadismus:

- Sieg der „islamischen Revolution“ im Iran mit Export der Ideologie und Besetzung der US-Botschaft in Teheran
- Besetzung der Großen Moschee in Mekka durch die millenaristischen Muslimbrüder, die das saudische Königshaus stürzen wollten; Verhandlung mit den konservativsten Kräften des Landes und Beginn der wahhabitischen Weltmission
- Einfall der Sowjets in Afghanistan, Unterstützung der Mudschahidin gegen den Kommunismus durch den Westen und Aufbau des Servicebüros für die freiwilligen Kämpfer (Anfänge der al-Qaida)

10 Dschihadismus in Deutschland

Acht Entwicklungsschritte sind bezüglich des Dschihadismus in Deutschland zu beobachten. Spätestens ab dem dritten Entwicklungsschritt kann auch von einem deutschen „home grown"-Dschihadismus gesprochen werden, weil die Beteiligten in Deutschland geboren und aufgewachsen sind. Bereits in den 1980er- und 1990er-Jahren wurden von Islamistinnen und Islamisten in Deutschland Gelder gesammelt, Pässe gefälscht und Kämpfer zur Erholung aus dem Kriegseinsatz in Afghanistan oder Pakistan aufgenommen. Am 16.09.1998 wurde Mamdouh Mahmud Salim, einer der Drahtzieher der Al-Qaida-Anschläge auf die US-amerikanischen Botschaften in Nairobi und Daressalam, nach wiederholten Aufenthalten in Deutschland, während derer er extremistische Vereinigungen besuchte, festgenommen.[155] Im Verlauf dieser ersten Phase des Dschihadismus in Deutschland bereiste also offensichtlich mindestens ein Kader der al-Qaida regelmäßig das Bundesgebiet. Gleichzeitig wuchs der Einfluss arabischer Studenten, die der Muslimbruderschaft angehörten, und in Deutschland Zuflucht fanden vor der Verfolgung in ihren Herkunftsländern. Der Ägypter Said Ramadan schaffte es, wie bereits in Kapitel 7.4 Aufbau islamistischer Netzwerke in Deutschland erläutert, ein Münchner Moscheebauvorhaben in den Bann der islamistischen Ideologie der Muslimbrüder zu ziehen. Islamisten und auch die späteren Attentäter der „Hamburger Zelle" kamen aus dem Ausland nach Deutschland, radikalisierten sich während ihres Aufenthalts im Bundesgebiet weiter und griffen Ziele im Ausland an, nicht zuletzt am 11.09.2001 in den USA. Dieses historisch bedeutende Attentat mit fast 3.000 Todesopfern kann als Abschluss der ersten Phase des deutschen Dschihadismus betrachtet werden.

Während der zweiten Phase versuchten Attentäter mit dem gleichen Profil wie in der ersten Phase – junge Männer, die nach Deutschland kamen, um an einer Universität in einem technischen Fachbereich zu studieren –, Attentate in Deutschland umzusetzen.

In einer dritten Phase des deutschen Dschihadismus begannen in Deutschland geborene und radikalisierte Personen in ein Kriegsgebiet auszureisen, um am Dschihad teilzunehmen. Sogenannte „home-grown"-Terroristen hatten sich entwickelt, die nach ihrem Training im Ausland versuchten, in Deutschland Attentate umzusetzen.

Eine vierte Phase kennzeichnet die Entwicklung, dass in Deutschland geborene und radikalisierte Männer in ein Kriegsgebiet ausreisten, dort kämpften

155 Zum Ablauf der Verhaftung des gewichtigen Al-Qaida-Mitglieds siehe: Clement/Jöris, ohne Jahr, S. 210–211.

und Propaganda produzierten, um weitere Personen für den Dschihad zu rekrutieren.

Als nächste Entwicklung des deutschen Dschihadismus setzte ein in Deutschland aufgewachsener und radikalisierter „Lone Wolf"-Attentäter ein Attentat in Deutschland um.

Die sechste und siebte Phase des deutschen Dschihadismus wurden geprägt durch das Kriegsgeschehen in Syrien und im Irak der 2010er-Jahre. Überwältigend viele Personen reisten in der Zeit in das Kriegsgebiet aus. Viele dieser Personen wuchsen in Deutschland auf, radikalisierten sich und begingen nach ihrer Ausreise im Ausland Kriegsverbrechen. Die Radikalisierung in Deutschland hatte nun eine direkte Auswirkung auf das Kriegsgeschehen im Ausland. Gleichzeitig wurde die Propaganda intensiviert und die direkte Beteiligung von Frauen am Dschihad wurde für die Allgemeinheit sichtbar. Parallel dazu wurden Attentate in Deutschland immer noch hauptsächlich durch aus dem Ausland eingereiste Attentäterinnen und Attentäter, die sich danach in Deutschland weiter radikalisiert hatten, verübt.

Dazu gehörte auch der junge Tunesier Anis Amri, der auf dem Weihnachtsmarkt am Breitscheidplatz in Berlin das erste große islamistisch motivierte Attentat beging. Dies kann als Beginn einer achten Entwicklungsphase des deutschen Islamismus gewertet werden. Anis Amri setzte die Anleitung des IS um, der in vielen Publikationen dafür geworben hatte, mit allen möglichen Hilfsmitteln – explizit auch mit Lastwagen – im sogenannten „Westen" Attentate zu verüben.

10.1 Die Hamburger Zelle

In der ersten Phase des deutschen Dschihadismus waren die Attentäter, die sich in Deutschland radikalisierten und später an Anschlägen im Ausland beteiligten, selbst hauptsächlich Ausländer, die einige Jahre – fern von ihren Familien – in der Bundesrepublik verbracht hatten. Ein Beispiel dafür ist Muhammad Atta, der am 11.09.2001 eine Boeing 767 in den Nordturm des World Trade Centers in New York City steuerte und als Anführer der sogenannten „Hamburger Zelle" gilt. Seine Radikalisierung begann aber bereits in seinem Herkunftsland Ägypten. In Kairo stand Atta nach dem Abschluss seines Architekturstudiums an der Kairo Universität über die Gewerkschaft der Ingenieure mit den Muslimbrüdern in Verbindung. Kontakte seines Vaters, der Anwalt und moderat religiös war, brachten Atta für weitere Studien nach Deutschland. Ein Lehrerehepaar, das einen Studienaustausch mit Ägypten organisierte, hatte Atta bei einem Abendessen in Begleitung seines Vaters kennengelernt und war von seinen Deutschkenntnissen beeindruckt.

Sie boten ihm an, nach Hamburg zu kommen und bei ihnen zu wohnen. Bei der Familie zeigte der 24-Jährige sich sehr strikt in seiner Religionsausübung und erwies sich als intolerant nicht zuletzt gegenüber der Tochter seiner Gastgeber, die unverheiratete Mutter war. Nach einem halben Jahr verließ er die Gastfamilie.[156]

Im Jahr 1995 pilgerte er nach Mekka. Anschließend habe er sich seinen Bart wachsen lassen, beobachteten ehemalige Arbeitskollegen.[157] Ein ehemaliger deutscher Mitstudent, mit dem Atta in Aleppo und in Kairo auf Feldforschung war, berichtete, dass Atta befürchtete, in Ägypten für seine strenger gewordene Religiosität verfolgt zu werden.[158] Obwohl er vielen – wie auch seinem oft interviewten Professor – nicht besonders auffiel, verhielt Atta sich teilweise konspirativ. In Deutschland nannte er sich „Mohamed al-Amir", in Ägypten und in den USA firmierte er mit „Muhammad Atta". An den Universitäten war er mit seiner ägyptischen Nationalität gemeldet, in den USA und seinem Hamburger Vermieter gegenüber hatte er sich falsch als Staatsangehöriger der Vereinigten Arabischen Emirate vorgestellt.

Auch seine strenge Religiosität fiel nicht nur seinen Mitbewohnern im Studentenwohnheim „Zentrumshaus" auf. Atta arbeitete für die Firma „Plankontor Stadt und Land", wo er Stadtpläne zeichnete. Sein damaliger Chef lobte ihn als verlässlichen Mitarbeiter, der fließend Deutsch sprach. Er habe allerdings regelmäßig am Arbeitsplatz gebetet, sei Feiern und Ausflügen stets ferngeblieben und habe sich von Frauen ungern etwas sagen lassen, erinnerten sich die ehemaligen Kolleginnen und Kollegen nach dem Attentat.[159]

Eingeschrieben als „Mohamed al-Amir", studierte Muhammad Atta von 1992 bis 2001 an der TU Hamburg-Harburg Städtebau. Er richtete mit anderen Studenten eine Islam-AG ein und präsentierte sich als deren Anführer. Er besuchte auch regelmäßig die extremistische arabische Al-Quds-Moschee am Steindamm 103.[160] Nach dem Abschluss seiner Diplomprüfung weigerte

156 Mcdermott, 2002.

157 Hooper, 2001.

158 Mcdermott, 2002.

159 RND, 2021.

160 In der Moschee soll auch der syrisch-deutsche Geschäftsmann Mamoun Darkazanli verkehrt haben und als Imam tätig gewesen sein. Er war ein wichtiger Mittelsmann der al-Qaida in Europa und organisierte Geldflüsse und Aufenthalte in Trainingscamps. Weil er auch ein gewichtiger Kontaktmann der spanischen Dschihadisten und Attentäter vom 11.03.2004 war, wurde er in Spanien angeklagt. Deutschland weigerte sich aber gegen die Auslieferung, weil er in Deutschland keine Straftat begangen hatte. Die Mitgliedschaft in einer terroristischen Vereinigung im Ausland stand zu diesem Zeitpunkt in der BRD noch nicht unter Strafe. Im August 2010 wurde die Moschee geschlossen und der dazugehörige Verein „Taiba Arabisch-Deutscher Kulturverein" verboten. Vgl. Reinares, 2014, S. 29–30.

sich Atta nach Angaben seines ehemaligen Professors, der Professorin im Prüfungsgremium die Hand zu reichen.[161] Zuvor hatte er auch bereits die enge Zusammenarbeit mit der Dokumentationsassistentin der TU abgebrochen, die gemeinsam mit ihm seine Diplomarbeit überarbeitete.[162] Auf das Deckblatt seiner Diplomarbeit über die Altstadt von Aleppo, für die er die Note eins erhielt, hatte er ein Koranzitat geschrieben: „Mein Gebet und meine Opferung und mein Leben und mein Tod gehören Allah, dem Herrn der Welt."[163]

Zwischen den Jahren 1997 und 1998 arbeitete er, während er an seiner Abschlussarbeit schrieb, für eine Speditionsfirma, die Computer zur Verschiffung verpackte. Dort waren seine späteren Mitverschwörer im gleichen Team.[164] Im Jahr 1998 reiste er nach Afghanistan in ein Trainingslager der al-Qaida. Danach mietete er gemeinsam mit dem Jemeniten Ramzi Binalshibh und dem Deutsch-Marokkaner Said Bahaji eine Wohnung in der Marienstraße 54. Bahaji stand unter polizeilicher Beobachtung wegen seiner indirekten Beziehung zu Mamdouh Mahmud Salim. Laut einer Aussage eines der mit der Beobachtung vertrauten Ermittlers war dabei nichts zu finden, außer dass „sie radikale Muslime waren. Das ist keine Straftat. Sie hatten vielleicht Kontakt zu Vertrauten Osama Bin Ladens. Das ist auch keine Straftat!"[165] Die Wohnung mit für damalige Verhältnisse guter Internetverbindung wurde zu einer Art Hauptquartier der Terrorzelle. Weitere zwei Mittäter der 9/11-Attentate waren häufige Besucher: der Emirati Marwan Al-Shehhi und der Libanese Ziad Samir Jarrah. Ein tonloses Video, welches Atta und Jarrah in Afghanistan im Jahr 2000 zeigt, wie sie u.a. lachend mit ihrem Testament spielen, wurde im Jahr 2006 publik gemacht.[166]

Das Video wird auch heute noch nicht nur über konspirativ gehaltene extremistische Chatgruppen verteilt. Auf einem unter dem Namen „Mohamed Atta" im Jahr 2023 betriebenen Youtube-Kanal wurde das Video mit wohlwollenden und bewundernden Kommentaren für den Attentäter verbreitet.

161 Titz, 2011.

162 Milcent, 2001.

163 Ebenda.

164 Mcdermott, 2002.

165 Ebenda.

166 Spiegel Panorama, „Der letzte Wille von Mohammed Atta", 2006.

Screenshot des Videos, welches Atta und Jarrah in Afghanistan zeigt.

In diesem Video sieht man die beiden 9/11-Attentäter mit Bärten, wie sie typischerweise im salafistischen Milieu in Nachahmung des islamischen Propheten Muhammad getragen werden. Bekannter geworden ist ein Bild Attas und seiner Mitverschwörer, welches diese ohne Bärte zeigt. Es ist davon auszugehen, dass die Männer darauf achteten, beim Betreten der Flugzeuge möglichst unauffällig zu wirken. Auch der IS instruierte seine Gefolgschaft im Jahr 2016 in einem Handbuch mit dem Titel „Safety and Security Guidelines for Lone Wolf Mouthpiece [sic!] and Small Cells", dass man sich als infiltrierter Kämpfer im Feindesland möglichst unauffällig verhalten solle.[167]

10.2 Die Kofferbomber von Köln

Nach den Al-Qaida-Anschlägen in Madrid am 11.03.2004 und in London am 07.07.2005 hätte das versuchte Attentat vom 31.07.2006 in Köln ebenfalls in die traurige Geschichte großer islamistisch motivierter Attentate auf europäischem Boden eingehen können. Die Sprengkraft der beiden in Koffern verbauten Bomben aus 11 kg flüssigem Butangas und Benzin hätte laut Expertenbericht Feuerbälle mit über 15 Metern Durchmesser erzeugt, was beide Züge zum Eingleisen gebracht und insgesamt mutmaßlich einen ähnlichen Schaden angerichtet hätte wie in London.[168] Die Attentäter hatten am Kölner Hauptbahnhof zwei Koffer in einen Zug nach Koblenz und einen nach Hamm abgestellt. Die darin enthaltenen Bomben sollten zeitgleich mithilfe von We-

167 Dettmer, 2016.

168 Wdr.de, 2008.

ckern gezündet werden. Das Attentat misslang nur, weil den Attentätern ein Fehler bei der Umsetzung der Bombenbauanleitung aus dem Internet unterlaufen war.

Beide Attentäter stammten aus dem Libanon. Der 22-jährige Youssef Mohamad al-Hajdib studierte in Kiel und wohnte in einem dortigen Studienkolleg. Mit Kommilitonen teilte er offen seine Sympathie für Osama Bin Laden und befürwortete die Attentate vom 11.09.2001.[169] Laut Zeugenbericht soll al-Hajdib geweint haben nach der Tötung von Abu Musab al-Zarqawi, des Anführers der ersten Variante der terroristischen Vereinigung „Islamischer Staat".[170] Die Rache für dessen Tod und für die Veröffentlichung der dänischen Muhammad-Karikaturen in deutschen Zeitungen sollen auch ursächlich gewesen sein für den Entschluss der beiden jungen Libanesen, in Deutschland ein Attentat zu verüben.[171] Al-Hajdib soll beabsichtigt haben, in den Irak auszureisen, um sich dort am Dschihad zu beteiligen. Für das Studium habe er sich wenig interessiert und den Lebensstil in Deutschland abgelehnt. Frauen habe er den Handschlag verweigert.[172] Offenbar war al-Hajdib bereits ein Extremist, als er nach Deutschland einreiste. Seine Familie soll eine schwarze Flagge auf dem Dach gehisst und offen mit dem militanten Islamismus sympathisiert haben.[173] Zwei seiner Brüder starben bei Kampfhandlungen und zwei saßen zum Zeitpunkt des gescheiterten Attentats aufgrund ihrer dschihadistischen Umtriebe im Libanon in Haft.[174]

Der 20-jährige Jihad Hamad hingegen soll laut einem Interview mit seinen Eltern im Libanon eine christliche Schule besucht haben.[175] Er wurde von den Eltern nach Essen zu seinem Onkel geschickt, um in Deutschland zu studieren. Zum Schluss seines Aufenthalts teilte er sich eine Wohnung mit al-Hajdib. Nach dem misslungenen Attentat tauchte er plötzlich wieder bei seinen Eltern in Tripoli auf. Beide Attentäter waren unmittelbar nach der Tat nach Syrien ausgereist. Jihad Hamad reiste danach zurück zu seinen Eltern, mit denen er in Streit geriet, weil diese sich wunderten, warum ihr Sohn trotz ihrer Ausgaben, die sie für seinen Aufenthalt in Deutschland getätigt hatten, seine Studien dort nicht weiter verfolgen wollte.[176] Im Interview wird seine Mutter abschließend mit folgenden Worten zitiert:

---

169 Reuters, 2008.

170 Ebenda.

171 Wittrock, 2008.

172 Reuters, 2008.

173 Ebenda.

174 Ntv.de, 2008.

175 Hummel, 2006.

176 Ebenda.

> „Ich habe mein Kind nach Deutschland geschickt. Die Deutschen hätten auf ihn aufpassen müssen. [...] Wenn er mit Extremisten in Verbindung kam und durch diese indoktriniert wurde, dann sind die Deutschen dafür verantwortlich.“[177]

Als direkte Konsequenz des misslungenen Attentats wurden die Einreisebedingungen für ausländische Studierende erschwert und ihre Aufenthaltsdauer verkürzt.

10.3 Die Sauerlandgruppe

Im Gegensatz zu den Mitgliedern der Hamburger Zelle und zu den erfolglosen Kofferbombern von Köln im September 2007 bestand die sogenannte „Sauerlandgruppe“ aus einem Viergespann von zwei Deutschtürken und zwei deutschen Konvertiten, die alle den größten Teil ihres Lebens in Deutschland verbracht hatten. Es war die erste Generation eines „home grown terrorism“, eines Terrorismus, der im gleichen Land entstand und im gleichen Land Attentate umzusetzen versuchte, aus dem die islamistischen Täter stammten. US-Soldaten sollten in der Nähe der Militärbasis Rammstein bei Kaiserslautern angegriffen werden. Dieses Anschlagsziel wählten die Attentäter jedoch nicht selbst. Es wurde ihnen von einer dschihadistischen Vereinigung im Ausland vorgegeben. Ihre Instrukteure in einem militärischen Ausbildungslager der tadschikischen „Islamischen Dschihad Union“ im pakistanischen Wasiristan schickten sie nicht – wie von ihnen beabsichtigt – in den Afghanistankrieg, sondern zurück nach Deutschland.

Fritz Gelowicz wurde in München geboren und lebte danach in Ulm. Sein ursprünglich aus Polen stammender Vater verkaufte Solaranlagen und seine Mutter war Ärztin. Seine Eltern ließen sich scheiden, als er fünfzehn Jahre alt war. Wenig später konvertierten er und sein älterer Bruder zum Islam. Ein Azubi im Betrieb seines Vaters soll Gelowicz radikalisiert haben. Mit 18 Jahren ließ sich Gelowicz sogar beschneiden.[178] Im sogenannten „Multikulturhaus“, wo der ägyptische extremistische Arzt Yahia Yusuf predigte, radikalisierte er sich weiter. Die Gruppe um den extremistischen Prediger publizierte die Zeitschrift „Denk mal islamisch!“. Gelowicz beteiligte sich an Verteilaktionen dieser Zeitschrift. Im Jahr 2004 reiste er in die Türkei und kontaktierte tschetschenische Dschihadisten in einer Moschee.[179] Ein Jahr später begab er sich zur Pilgerfahrt nach Saudi-Arabien.

---

177 Ebenda.

178 Der Spiegel, 2008.

179 Steinberg, 2013, S. 66.

Adem Yilmaz kam mit acht Jahren nach Deutschland. Er gab eine Anstellung als Zugbegleiter bei der Deutschen Bahn auf und radikalisierte sich auf „Islamseminaren" und in der Frankfurter Bilal-Moschee.[180]

Der Deutschtürke Attila Selek wurde in Ulm geboren. Sein Vater war Kleinunternehmer und ein Mitglied der Grauen Wölfe.[181] Er machte eine Ausbildung zum Autolackierer, zog sich aber zurück, nachdem sein Chef eine weibliche Auszubildende mit ihm gemeinsam arbeiten ließ.[182]

Daniel Schneider war gebürtiger Saarländer. Wie Gelowicz soll auch Schneider aufgrund der Scheidung seiner Eltern so belastet gewesen sein, dass er nach der elften Klasse aus dem Gymnasium ausschied. Er wurde straffällig. Schließlich konvertierte er im Jahr 2003 zum Islam. Wie Gelowicz scheint er in der salafistischen Szene vorübergehend Halt gefunden zu haben.[183] Nach anfänglichen Kontakten zu tschetschenischen Kämpfern beschloss die Gruppe im Jahr 2005, in den Irak in den Kampf gegen die Amerikaner zu ziehen. Nach einem kurzen Sprachaufenthalt in Damaskus entschied die Gruppe sich dann doch aufgrund eines Kontaktes, nach Pakistan zu reisen. Nach einem militärischen Grundtraining mit automatischen Langwaffen, Handgranaten, Pistolen und leichten Panzerabwehrwaffen (RPG-7) wurden sie im Bombenbau instruiert.[184] Zurück in Deutschland organisierten sie große Mengen Wasserstoffperoxyd aus deutschen Fachgeschäften und Zünder aus dem Balkan. Ende August 2006 begannen sie in einem Ferienhaus in Oberschledorn im Sauerland, die Bomben zusammenzubauen.

Der Islamwissenschaftler und Terrorismus-Experte Guido Steinberg kritisiert die Vorgehensweisen der deutschen Sicherheitsbehörden. Nur aufgrund von Hinweisen US-amerikanischer Geheimdienste, die E-Mails zwischen Pakistan und Deutschland abgefangen hatten, seien die Sicherheitsbehörden tätig geworden und hätten die Täter verfolgt. Sie hätten ursprünglich nur oberflächlich von der Rekrutierung deutscher Staatsbürger durch islamistische Terrororganisationen gewusst.[185]

Nach der Alarmierung wurden die Terroristen allerdings von 500 Beamtinnen und Beamten überwacht und schließlich durch Zugriff des GSG-9 verhaftet. Einzig Schneider entkam anfänglich durch ein Badezimmerfenster, entwendete einem Beamten die Waffe und versuchte, auf ihn zu schießen. Die vier Ter-

180 Ebenda, S. 61.

181 Ebenda.

182 Ebenda, S. 62.

183 Ebenda, S. 61.

184 Ebenda, S. 70.

185 Ebenda, S. 74–75.

roristen gestanden ihre Taten. Zwei der Angeklagten wurden zu zwölf Jahren, einer zu elf und der vierte zu fünf Jahren Haft verurteilt.

> „Drei der vier Verurteilten kommen vorzeitig frei. Adem Y. wird in die Türkei abgeschoben. Dort soll auch Attila S. leben. Daniel S. hat in der Haft sein Abitur gemacht, Wirtschaftswissenschaften studiert und lebt mit seiner jungen Familie im Südwesten Deutschlands, ähnlich wie Fritz G. – zurückgezogen und unauffällig.“[186]

Dieselbe terroristische Vereinigung im Ausland, bei der die vier Mitglieder der Sauerlandgruppe in Pakistan ausgebildet worden war, setzte am 03.03.2008 auch den ersten aus Deutschland gekommenen Selbstmordattentäter, Cüneyt Ciftci, mit einer Autobombe gegen ein Verwaltungsgebäude der afghanischen Provinz Khost ein. Dabei starben zwei afghanische und zwei amerikanische Soldaten. Der in Deutschland geborene Türke Cüneyt Ciftci war davor vom gescheiterten Sauerlandgruppenattentäter Adem Yilmaz für die „Islamische Dschihad Union“ rekrutiert worden.[187] Von 2006 bis 2009 war die „Islamische Dschihad Union“ die wichtigste Anlaufstelle für deutsche Freiwillige für den Dschihad.[188]

10.4 Die Chouka-Brüder aus Bonn

Als Repräsentanten einer weiteren Etappe in der Entwicklung des deutschen Dschihadismus können die Brüder Yassin und Mounir Chouka genannt werden. Die beiden Brüder wurden in Bonn geboren. Ihre Eltern stammten aus Marokko und schickten ihre beiden Söhne auf einen katholischen Kindergarten und eine katholische Grundschule. Yassin Chouka wurde von seiner Jahrgangsstufe zum „Superstar“ nominiert.[189] Beide spielten Fuß- und Basketball. Sie leisteten Grundwehrdienst als Sanitäter. Mounir begann eine Lehre als Fachangestellter für Bürokommunikation in der Bonner Nebenstelle des Bundesamts für Statistik. Im Jahr 2005 (nach einer Pilgerreise nach Mekka) radikalisierte er sich zusehends. Er besuchte die salafistische Bonner Muhsinin-Moschee. Er radikalisierte daraufhin auch seinen jüngeren Bruder. Gemeinsam reisten sie in den Jemen, wo sie Arabisch lernten und angeblich Kontakt hatten zu der al-Qaida-Größe Anwar al-Awlaqi.[190] Wie die Mitglieder der Sauerlandgruppe hatten auch die Chouka-Brüder keine abschließenden Präferenzen, wo sie im Dschihad kämpfen wollten. Vom Jemen reisten

186 Wdr.de, 2020.

187 Steinberg, 2013, S. 77.

188 Ebenda, S. 78.

189 Hufelschulte/Spilcker2015.

190 Steinberg, 2013, S. 199.

sie schließlich ebenfalls nach Wasiristan und kamen zur dort operierenden „Islamischen Bewegung Usbekistan". Die Chouka-Brüder kamen durch ihre langen Werbefilme für den Dschihad in Deutschland zu Berühmtheit. Die Medienagentur der „Islamischen Bewegung Usbekistan" nannte sich „Dschund Ullah" (Soldaten Gottes). In ihren Filmen warben die Bonner Brüder um Rekruten aus Deutschland, setzten den deutschen Märtyrern der Bewegung ein Denkmal und hetzten gegen ihre alte Heimat. Mounir Chouka bzw. „Abu Adam" half auch den Taliban, einen Film mit zwei Schweizer Geiseln zu drehen, in dem die Entlassung der in den USA inhaftierten Pakistanerin Aafia Siddiqui gefordert wurde.[191] Im Jahr 2015 sollen sie dann gemeinsam mit ihren Ehefrauen und Kindern versucht haben, nach Syrien zu reisen. Yassin Chouka bzw. „Abu Ibrahim" soll bei seiner Durchreise durch den Iran erschossen und sein älterer Bruder inhaftiert worden sein.[192]

Die beiden Brüder waren die ersten deutschen Dschihadisten, die das Medium Film für sich entdeckten und nachhaltig mit ihren Produktionen, die auch mit Anaschid als musikalische Begleitung unterlegt waren, für den Dschihad in der deutschsprachigen extremistischen Szene warben. Ihre Videos sind immer noch im Internet zu finden und werden von Sympathisantinnen und Sympathisanten über ihre Social-Media-Kanäle geteilt.

10.5 Arid Uka

Das erste islamistisch motivierte Attentat mit Todesopfern beging in Deutschland ein sogenannter „Lone Wolf"-Attentäter. Der bereits mehrfach erwähnte Arid Uka radikalisierte sich unauffällig im Internet. Er war mit seiner Familie im Alter von vier Jahren aus dem Kosovo nach Deutschland eingereist und galt als vorbildlicher junger Mann, der das Gymnasium besuchte. Er gewann mit seiner Klasse sogar einen Preis für ein Präventionsprojekt gegen Gewalt in der Gesellschaft und posierte stolz neben dem damaligen Bundeskanzler Gerhard Schröder. Wohnhaft in Sossenheim, unterhielt er allerdings auch Kontakte in die salafistische Szene Frankfurts, u.a. zu Abdellatif Rouali.[193] Auf seinem Facebookprofil nannte er sich „Abu Teyyan" und postete einen Link zu einem Naschid mit dem Text „Ich halte dieses Leben der Erniedrigung unter Euch nicht mehr aus. Meine Waffe liegt immer bereit."[194]

Zu seiner Tat entschloss er sich, nachdem er auf Youtube ein Video gesehen hatte, in dem amerikanische Soldaten angeblich ein afghanisches Mädchen

191 Glaus, 2012.

192 Jansen, 2015.

193 Keine Autorenangabe, „Auf den Spuren von Arid Ukra", 2011.

194 Gohel, 2011.

vergewaltigten.[195] Dabei handelte es sich offenbar um einen Ausschnitt aus dem US-amerikanischen Antikriegsfilm „Redacted“,[196] in welchem das Mahmudiyya-Massaker kinematographisch aufgearbeitet wurde. Es handelt sich um eines der Kriegsverbrechen amerikanischer Soldaten im jüngsten Irakkrieg. Kinder und Eltern einer irakischen Familie wurden von amerikanischen Soldaten ermordet und ein 14-jähriges Mädchen davor mehrfach vergewaltigt.

Durch die Szene aufgewühlt, die davor entsprechend bearbeitet über islamistische Social-Media-Kanäle verbreitet worden war, fuhr Uka am 02.03.2011 zum Flughafen Frankfurt und schoss auf mehrere US-Soldaten, die sich auf dem Weg in ihren Einsatz in Afghanistan befanden. Sie waren in Frankfurt gelandet und sollten mit einem Bus zur Luftwaffenbasis Rammstein in Rheinland-Pfalz gebracht werden. Zwei Soldaten starben und zwei weitere wurden durch Ukas Schüsse lebensgefährlich verletzt. Aufgrund einer Ladehemmung seiner Waffe konnte Uka nicht weiterschießen und versuchte, sich vom Tatort zu entfernen. Er konnte aber noch im Flughafen von der Bundespolizei festgenommen werden. Uka wurde zu einer lebenslänglichen Haftstrafe verurteilt und die besondere Schwere der Schuld wurde festgestellt.

10.6 Von der Millatu Ibrahim über Tauhid Germany zum IS – Denis Cuspert und Mohamed Mahmoud

Ein weiterer Entwicklungsschritt des deutschen Dschihadismus wurde vom Deutsch-Ghanaer Denis Cuspert alias „Abou Maleeq“ oder „Abu Talha al-Almani“ und dem Österreicher mit ägyptischen Wurzeln Mohamed Mahmoud alias „Abu Usama al-Gharib“ vollzogen. Mohamed Mahmouds Vater war vor der Verfolgung der Muslimbrüder, denen er angehörte, nach Österreich geflüchtet. Sein Sohn reiste, nachdem er die Schule abgebrochen hatte, bereits als Minderjähriger in den Irak, um dort in der islamistischen Miliz „Ansar al-Islam“ zu kämpfen.[197] Danach betätigte er sich als wendiger Propagandist für den Dschihad. In Anlehnung an die arabischsprachige „Globale Islamische Medienfront“ der al-Qaida gründete er (vermutlich in Eigenregie) eine gleichnamige deutschsprachige Produktionseinheit.[198] Darüber wurden zwei Videos produziert. In beiden wird Deutschland und Österreich gedroht und

195 Mekhennet, 2011.

196 Keine Autorenangabe, „Flughafen-Attentäter gesteht Anschlag“, 2011. Dass es sich um Szenen aus dem Film „Redacted“ handelt, wird auf der deutschen Wikipedia-Seite zu Arid Uka und der englischen zum „2011 Frankfurt Airport Shooting“ erwähnt.

197 Steinberg, 2021.

198 Musharbash, 2007.

der Abzug der Soldaten beider Länder aus Afghanistan gefordert. Im zweiten Video erfolgt zusätzlich die Forderung, Mahmoud und seine Partnerin („Ehefrau nach islamischem Recht") aus der Haft zu entlassen. Letztere war verurteilt worden, weil sie Schriftstücke der al-Qaida übersetzt und online verbreitet hatte. Dafür wurde sie in Österreich zu einem Jahr und zehn Monaten Gefängnis verurteilt. Das Urteil wurde ihr in einem Nebenraum des Gerichtssaals verkündet, weil sie sich geweigert hatte, den Niqab (Gesichtsschleier) abzulegen.[199] Mahmoud wurde zu vier Jahren Haft verurteilt, weil er das oben genannte Drohvideo produziert und verbreitet hatte und ein Mitglied der al-Qaida war. Während der Gerichtsverhandlung wurde auch ein Video gezeigt, in dem die Hinrichtung von Geiseln durch islamistische Täter zu sehen war, welches Mahmoud verbreitet hatte.[200]

Im Jahr 2008 wurde von einer Gruppe Terroristen der „al-Qaida im Islamischen Maghreb" ein österreichisches Paar in der Sahara entführt. Die Gruppe der Terroristen forderte u.a. die Haftentlassung des Mohamed Mahmoud und seiner Partnerin.[201] Offensichtlich waren die Aktivitäten der „Globalen Islamischen Medienfront" bei einer Gruppe der al-Qaida auf fruchtbaren Boden gestoßen.

Um der Verfolgung durch die österreichischen Behörden zu entgehen, setzte sich Mahmoud nach Deutschland ab. In Berlin lernte er den deutschen Rapper Denis Cuspert kennen. Dieser hatte nach einer Karriere als Kleinkrimineller und Gangsta-Rapper im Gefängnis zum extremistischen Islam gefunden. Gemeinsam zogen sie Ende des Jahres 2011 nach Solingen und darauf ins hessische Erbach (Odenwald). Mahmoud trat durchgehend als Prediger der salafistisch-dschihadistischen Szene auf und Cuspert sang als „Abou Maleeq" dazu seine Kampfgesänge. Beide beteiligten sich an der „Lies!"-Koranverteilaktion. Cuspert sang Anaschid im Beisein von Abdellatif Rouali, u.a. in der Frankfurter Bilal-Moschee. In seinen Hymnen glorifizierte der ehemalige Rapper Osama Bin Laden und rief zum Kampf gegen die Ungläubigen auf.

In Solingen hatten Mahmoud und Cuspert im Jahr 2011 den Verein „Millatu Ibrahim" gegründet, der am 29.05.2012 durch das BMI verboten wurde. Das Verbot der Nachfolgeorganisation „Tauhid Germany" erfolgte fast drei Jahre später. Nach der Verbotsverfügung wanderte Mahmoud nach Ägypten aus, um seiner Ausweisung zuvorzukommen. Cuspert folgte ihm. Ihm war zum Verhängnis geworden, dass Arid Uka ihm auf seiner Facebookseite seine

199 Die Presse, 2011.

200 Leonhard, 2008.

201 Die Presse, 2008.

Bewunderung ausgesprochen hatte.[202] Die Gruppe war weiterhin aktiv im deutschen dschihadistischen Internet, übersetzte Texte der al-Qaida oder produzierte selbst Inhalte mit Aufrufen zum Kampf gegen die Ungläubigen. Von Ägypten aus zog die Gruppe weiter in den syrischen Bürgerkrieg, wo sie sich nach dem Zerwürfnis zwischen der al-Qaida und dem „Islamischen Staat im Irak und in Großsyrien" dem Letzteren zuwandten. Beide blieben aktiv an der Medienfront und wurden nach der Gründung eines Kalifats die zwei wichtigsten deutschsprachigen Propagandisten der Organisation. Cuspert sang Hymnen, die zu Attentaten und Morden an Ungläubigen aufriefen. In einem Text heißt es: „Wir wollen euer Blut, es schmeckt so wunderbar." Die Hymnen wurden über Szenen gelegt, in denen Menschen erniedrigt und grausam hingerichtet werden. In einem Video posierte Cuspert mit abgeschnittenen Köpfen. Mahmoud gelangte zu zweifelhaftem Weltruhm mit einem Video, in dem er gemeinsam mit einem Komplizen auf den Ruinen des antiken Palmyra zwei in orangefarbene Einteiler gekleidete gefesselte Männer erschießt. Cuspert und Mahmoud wurden beide im syrischen Bürgerkrieg zu Kriegsverbrechern und starben vor Ort.

Cuspert und Mahmoud erweiterten, professionalisierten und intensivierten den Trend, den die Chouka-Brüder begründet hatten, mit der Erstellung und massiven Verbreitung von deutschem dschihadistischem Material über die ihnen zur Verfügung stehenden Internetportale. Sie erwirkten damit die Ausreise von über tausend IS-Anhängerinnen und -Anhängern. Viele dieser Personen, die hauptsächlich in Deutschland aufgewachsen waren, wurden in Syrien oder im Irak zu Kriegsverbrecherinnen und Kriegsverbrechern.

10.7 Deutsche Dschihadistinnen

Ab dem Jahr 2013 begann eine massive Reisewelle von Dschihadwilligen in den syrischen Bürgerkrieg. Auch Frauen wollten dorthin. Der IS publizierte in seinen Zeitschriften fast durchgängig eine Frauenkolumne, die vordergründig von Frauen geschrieben wurde. Darin wurden die Kinderheirat, die Vergewaltigung in der Ehe, die Polygamie und die Sklavenhaltung gerechtfertigt (siehe Kapitel 3.4 Rolle der Frau). Frauen reisten oft nicht – wie manche später zur Rechtfertigung behaupteten – wegen romantischer Vorstellungen und in Unkenntnis der Verhältnisse vor Ort aus. In der Zeit, während derer die meisten Ausreisen erfolgten, konnte man auf salafistischen und dschihadistischen Foren, Facebookprofilen, Twitteraccounts und Youtube-Kanälen den in aller Offenheit selbst dokumentierten Kriegsverbrechen des IS nicht entgehen. Überzeugte Anhängerinnen des IS waren sich dessen bewusst und unter-

202 Berliner Morgenpost, 2011.

stützten die Ideologie nicht zuletzt durch die Mitnahme ihrer Kinder, die vor Ort zu Kindersoldaten ausgebildet oder mit sechs bzw. neun Jahren verheiratet werden konnten.

Am bekanntesten wurde vermutlich die Deutsche Jennifer W., die ihre fünf Jahre alte jesidische Sklavin, ans Fensterbrett gehängt, in der Sonne verdursten ließ.[203] Zu fragwürdiger Berühmtheit kam auch die Cuspert-Witwe Oumaima Abdi, die davor mit einem anderen Dschihadisten verheiratet und aus Hamburg ausgereist war. Eine libanesische Journalistin hatte ihr Handy ausfindig gemacht, in dem Bilder von ihr mit Waffen und der vollverschleierten kleinen Tochter zu sehen waren. Sie kehrte nach Cusperts Tod unbehelligt nach Hamburg zurück und begann ein neues Leben als Eventmanagerin, bevor sie – nicht zuletzt dank der libanesischen Reportage – verhaftet, prozessiert und verurteilt werden konnte.[204] Auch die Frankfurterin Kim Teresa A. reiste nach ihrer Konversion nach Syrien aus. Sie erzählt ihre Geschichte im Buch „Maryam A. – Mein Leben im Kalifat", das die Leserschaft mit wenig islamistischen Elementen, aber einer erschütternden Empathielosigkeit gegenüber den kriegsgeplagten Syrerinnen und Syrern konfrontiert. Hauptsächlich dreht sich alles um sie selbst, und dass man gerne ein Haus mit Pool bewohnen wollte, auch wenn man es von einer vertriebenen syrischen Familie „übernehmen" musste.[205]

Der erste Angriff einer deutschen Dschihadistin in in der Bundesrepublik erfolgte im Jahr 2016. Eine 15-jährige Schülerin, die zwischen den Jahren 2008–2010 in Filmen mit Pierre Vogel in einer salafistischen Moschee bei der Koranrezitation zu sehen war, griff in Hannover mit einem Messer einen Polizeibeamten an. Das Mädchen hatte davor versucht, zum IS auszureisen, wurde aber von der Mutter aus der Türkei zurückgebracht.[206]

10.8 Der Anschlag am Berliner Breitscheidplatz

Der erste große dschihadistische Anschlag auf deutschem Staatsgebiet ereignete sich am 19.12.2016 auf dem Berliner Weihnachtsmarkt. Dabei wurden elf Menschen getötet. Der Täter, der Tunesier Anis Amri, war im Vorjahr ins Bundesgebiet eingereist. Bereits in seiner Heimat hatte er die Schule abgebrochen und war straffällig geworden. Bei seiner Einreise nach Italien im Jahr 2011 gab er sich als Minderjähriger aus – was durch die tunesischen Behörden schnell als falsch aufgeklärt wurde – und wurde durch kriminelle

203 Spiegel.de, 2023.

204 Spiegel.de, 2019.

205 Reuter, 2017.

206 Exner, 2016.

Machenschaften auffällig. Bereits ein halbes Jahr nach seiner Ankunft in Italien wurde er zu vier Jahren Haft verurteilt.[207] Während der Haft fiel er durch aggressives Verhalten und Drohgebärden gegenüber christlichen Mithäftlingen auf.[208] Nach Verbüßung der Strafe wurde er in die Abschiebehaft verlegt, von wo er nach 30 Tagen (aufgrund der Nichtbeantwortung der Dokumentenanfrage durch Tunesien) am 17.06.2016 entlassen wurde. Italien schrieb ihn auch im Schengener Informationssystem (SIS) zur Einreiseverweigerung aus. Aufgrund der falschen Angabe seines Namens als „Anis Amir" fiel das allerdings bei seiner ersten erkennungsdienstlichen Behandlung wegen unerlaubter Einreise in Freiburg im Breisgau nicht auf.[209] Er stellte an unterschiedlichen Orten Asylanträge und verfügte über mehrere Aliaspersonalien, wobei nicht auszuschließen ist, dass die unterschiedlichen Personalien auch aufgrund von Erfassungsfehlern (unterschiedliche Umschrift) entstanden, wie z.B. bei „Mohamed Hassa", „Mohamed Hassan", und „Mohammad Hassan".[210] Bereits im Oktober 2015 wurde bei der Polizei Kleve ein „Prüffall Islamismus" zu Amris Aliaspersonalie „Mohamed Hassa" erstellt, weil ein Zimmernachbar ihn bei der Heimleitung wegen islamistischer Inhalte auf seinem Mobiltelefon angezeigt hatte.[211] Drei Wochen später wurde über eine Vertrauensperson im Ermittlungsverfahren des Bundesgeneralanwalts, welches beim LKA NRW unter dem Namen „EK Ventum" geführt wurde, bekannt, dass ein gewisser „Anis" in Deutschland etwas machen wolle. Später wurde mitgeteilt, dass er eine Kalaschnikow aus Paris oder Napoli organisieren und in Deutschland für ein Attentat einsetzen wolle.[212] Am 17.02.2016 erfolgte die Einstufung von Amri als Gefährder in NRW. Amri stand in Kontakt zum Hildesheimer Prediger Abu Walaa, der als Hauptakteur des IS in Deutschland galt und am 24.02.2021 vom Staatsschutzsenat des Oberlandesgerichts Celle zu zehneinhalb Jahren Haft verurteilt wurde. Im Jahr 2016 wurden Amris Umtriebe dreizehn Mal im GTAZ thematisiert. Am 24.02.2016 wurde er aufgrund seiner vielen Aliaspersonalien, seiner Einstufung als Gefährder und des Ermittlungsverfahrens wegen Sozialleistungsbetrugs zum ersten Mal in einer Sicherheitskonferenz (SiKo) in NRW thematisiert. Eine Abschiebung konnte nicht vorgenommen werden.[213] Während der Observation durch die AG Tiergarten des LKA Berlin fiel er hauptsächlich im Drogenmilieu und durch mögliche Bezüge zu allge-

207 Bundesministerium des Innern, 2017, S. 11.

208 Ebenda, S. 12.

209 Ebenda, S. 1.

210 Parlamentarischer Untersuchungsausschusses I des Landtags Nordrhein-Westfahlen, 2022, S. 24.

211 Ebenda, S. 2.

212 Ebenda, S. 3.

213 Ebenda, S. 8.

meinkriminellen Handlungen auf. Im Sommer wurde er an der Ausreise in die Schweiz gehindert und mit gefälschten italienischen Papieren in Gewahrsam genommen, wobei das Verfahren durch die Staatsanwaltschaft in Ravensburg nach § 154f StPO vorläufig eingestellt wurde.[214] Im September 2016 erhielt er schließlich die Duldung durch die Ausländerbehörde in Kleve.[215] Im Oktober übermittelte der marokkanische Geheimdienst Erkenntnisse, wonach Amri Anhänger des IS sei und sich diesem in Syrien, im Irak oder in Libyen anschließen wolle. Er führe ein Projekt, wolle über die Details aber nicht sprechen. Zudem bezeichne er Deutschland als Land des Unglaubens, das die Brüder erpresse.[216] Die Erstellung eines Passes wurde weiterhin von Tunesien abgelehnt. Gleichzeitig unterrichteten die marokkanischen Behörden das BKA über weitere Beziehungen von Amri zu IS-Anhängerinnen und -Anhängern.[217]

Am 19.12.2016 schließlich erschoss Amri einen LKW-Fahrer und entwendete dessen Lastwagen, um diesen als Waffe für das Attentat auf dem Breitscheidplatz zu nutzen. Danach flüchtete er über die Niederlande, Brüssel und Lyon nach Italien, wo er bei einer Kontrolle sofort auf Polizeibeamte schoss, die die Schüsse erwiderten und Amri dabei tödlich verletzten.[218] Am 21.12.2016 wurde der Ausländerbehörde der Stadt Köln durch das tunesische Generalkonsulat mitgeteilt, dass Amri als tunesischer Staatsbürger identifiziert wurde.[219]

Nach Anis Amris Tat wurden weitere dschihadistisch motivierte Attentate in Deutschland hauptsächlich von „Lone Wolf"-Attentätern verübt. Große und komplex angelegte Attentate, wie sie für die al-Qaida typisch waren, konnten bislang in Deutschland – nicht zuletzt dank der Hilfe befreundeter ausländischer Geheimdienste – verhindert werden. In seiner Werbung um Rekrutinnen und Rekruten für den Dschihad im sogenannten „Westen" hat sich der IS hauptsächlich auf die schnelle Radikalisierung und den Aufruf zur Begehung von Attentaten durch einsame Wölfinnen und Wölfe festgelegt, die dazu angehalten werden, einfach zu beschaffende Mittel als Tatwaffen zu verwenden.

214 Ebenda, S. 16.

215 Ebenda, S. 17.

216 Ebenda, S. 18.

217 Ebenda, S. 19.

218 Ullrich, 2021.

219 Bundesministerium des Innern, 2017.

Zusammenfassung

Die acht Entwicklungsschritte des deutschen Dschihadismus:

1. Die Hamburger Zelle: Männer reisten teilweise radikalisiert nach Deutschland ein, radikalisierten und organisierten sich vor Ort, um im Ausland ein Attentat zu verüben.
2. Die Kofferbomber von Köln: Männer reisten teilweise radikalisiert nach Deutschland ein, radikalisierten sich weiter und organisierten sich vor Ort, um ein Attentat in Deutschland zu verüben.
3. Die Sauerlandgruppe: Männer, die in Deutschland aufgewachsen waren, radikalisierten sich, reisten aus zur „Islamischen Dschihad Union", um sich ausbilden zu lassen, und bereiteten ein Attentat in Deutschland vor. Der erste deutsche Selbstmordattentäter wurde in Afghanistan eingesetzt.
4. Die Chouka-Brüder: Männer, die in Deutschland aufgewachsen waren, radikalisierten sich, reisten aus und produzierten Filme, in denen sie für die Ausreise und den Dschihad warben.
5. Arid Uka: ein Mann, der sich in Deutschland als „Lone Wolf" hauptsächlich über das Internet radikalisiert hatte, verübte am 02.03.2011 am Flughafen Frankfurt am Main das erste islamistisch motivierte Attentat auf deutschem Boden mit Todesfolge.
6. Mohamed Mahmoud und Denis Cuspert: Es erfolgte eine massive Ausreisewelle freiwilliger Dschihadisten, die sich in Deutschland radikalisiert hatten, ins Gebiet des IS in Syrien und im Irak. Viele der Ausgereisten begingen Kriegsverbrechen. Propagandamaterial des IS wurde umfangreich auf Deutsch produziert und verbreitet.
7. Teilnahme der Frauen am Dschihad: in Deutschland radikalisierte Frauen reisten ebenfalls nach Syrien und in den Irak aus, um sich am Dschihad und am Aufbau eines „islamischen Staates" zu beteiligen. Die erste Dschihadistin griff in Deutschland einen Polizisten mit einem Messer an.
8. Attentat am Breitscheidplatz in Berlin: Am 19.12.2016 erfolgte das erste große islamistisch motivierte Attentat in Deutschland, umgesetzt von einem Mann, der kurz davor nach Deutschland eingereist war und sich zur Begehung seines Attentats offensichtlich von der Propaganda des IS leiten ließ.

11 Aktuelle Herausforderungen an Polizei und Sicherheitsbehörden

11.1 Online-Aktivitäten von Islamistinnen und Islamisten

Bereits seit den 1990er-Jahren wird das Internet von Islamistinnen und Islamisten genutzt. Es dient ihnen dabei zur Verbreitung von Propaganda, zur Rekrutierung von Anhängern, zur Vernetzung untereinander oder mit anderen Gruppierungen, zur Verbreitung von Wissen für das Verüben von Anschlägen (z.B. Angriffstaktiken oder Bombenbauanleitungen) oder zur Führung von „Cyberkriegen" mit Computerviren, Denial-of-Service-Angriffen und gezielten Hacks. Gerade bei den Islamistinnen und Islamisten der jüngeren Generation, die als Digital Natives aufgewachsen sind, fällt dabei ein hohes technisches Know-how auf. Islamistinnen und Islamisten sind insbesondere auf Plattformen unterwegs, die von jungen Menschen genutzt werden, wie Instagram, TikTok oder Snapchat, um Jugendliche und junge Erwachsene zielgruppengerecht zu rekrutieren. Auffällig sind auch hochprofessionelle Propagandavideos, die vor allem an die Sehgewohnheiten von jungen Menschen angepasst sind.[220] Über das Internet sind auch in Deutschland jedoch nicht nur Inhalte von dschihadistischen Gruppierungen wie dem IS und al-Qaida verfügbar. Zentral für die Verbreitung islamistischer Inhalte sind auch Gruppierungen aus dem legalistischen Bereich. Diese verbreiten „legal" Inhalte, die auf eine langfristige Unterminierung des Staates abzielen und auch einen Einstieg in eine dschihadistische Szene darstellen können. Islamistinnen und Islamisten sind online über die Grenzen von Bundesländern und Staaten hinaus aktiv und reagieren sehr schnell auf aktuelle Entwicklungen. Sie sind dabei extrem anpassungsfähig und können örtlich und zeitlich flexibel agieren. Zudem sind sie sowohl im Surface Web als auch im Deep Web und Darknet unterwegs. Dadurch sind ihre Aktivitäten nicht immer leicht zu verfolgen.

In deutschen Sicherheitsbehörden fehlen oftmals finanzielle Mittel bzw. Personal, um den Online-Aktivitäten von Islamistinnen und Islamisten angemessen präventiv oder repressiv zu begegnen. Auch rechtliche Voraussetzungen sind beispielsweise in den USA zum Teil anders, als dies in Deutschland der Fall ist. Dabei erhalten deutsche Behörden jedoch Unterstützung von ausländischen Behörden. Der Terrorismusexperte Peter Neumann wies beispielsweise darauf hin, dass bei fast jedem aufgedeckten Terrorplan der letzten Jahre der entscheidende Hinweis von US-Geheimdiensten gekommen sei.[221]

220 Lang, 2022, S. 23.

221 Nau.ch, 2023.

Aufgrund bürokratischer Aspekte ist es zudem weltweit manchmal zeitintensiv, sich über Grenzen von Bundesländern und Staaten hinweg zu verständigen und ein gemeinsames Vorgehen abzustimmen. Zudem hat nicht jeder Staat die gleichen Interessen an der Bekämpfung von Islamismus und in manchen sind beispielsweise auch islamistisch geprägte Parteien aktiv oder gar an der Regierung beteiligt. Islamismus ist ein globales, überstaatliches Phänomen, während sich Sicherheitsbehörden traditionellerweise und aufgrund der rechtlichen Vorgaben an staatlichen Strukturen orientieren. Ein Problem ist ferner, dass nicht alle Online-Plattformen mit Sicherheitsbehörden kooperieren, insbesondere wenn diese Plattformen im Ausland angesiedelt sind und hier etwa andere rechtliche Voraussetzungen herrschen. Dies erschwert ebenfalls die Ermittlungen und Strafverfolgung.

Die Verlagerung in den digitalen Raum ist auch aus anderen Bereichen der Kriminalität bekannt. Das Land Hessen begegnet dem beispielsweise mit dem Studiengang Cyberkriminalistik, der 2021 gestartet ist.[222]

Ein wichtiger Aspekt der Online-Aktivitäten von Islamistinnen und Islamisten ist zudem die Terrorfinanzierung über beispielsweise Kryptowährungen, aber auch etwa mit online erworbenen Gutscheinen. Über Kryptowährungen können Islamistinnen und Islamisten weltweit Gelder von Unterstützerinnen und Unterstützern erhalten. Viele Kryptowährungen sind nur schwer nachverfolgbar – sowohl hinsichtlich Sender als auch Empfänger der Finanzmittel. Ein Transfer ist über Landesgrenzen hinaus und innerhalb von kurzer Zeit oftmals an den Behörden vorbei möglich. Kryptowährungen sind daher eine wichtige Ergänzung zu dem lange etablierten Hawala-System, welches ebenfalls aus verschiedenen Bereichen der Kriminalität bekannt ist.[223] Behördliches Vorgehen gegen Kryptowährungen zur Terrorfinanzierung zeigt, dass hier sehr hohe Beträge verschoben werden.[224] Die finanzielle Unterstützung von Terrorgruppen – auch mithilfe von Kryptowährungen – ist nach § 89c StGB strafbar.

11.2 Weltweite Vernetzung des Islamismus

Der Islamismus ist ein weltweites Phänomen mit einer großen Anzahl unterschiedlicher Gruppierungen, die sich personell und ideologisch unterscheiden. Im Unterschied zu eher lokal agierenden terroristischen Gruppierungen wie z.B. der irischen IRA haben sie überwiegend globale Herrschaftsziele, da sie den Islam als Weltreligion mit einer globalen Anhängerschaft, der Umma,

---

222 Hessisches Ministerium des Innern und für Sport, 2021.

223 Das Hawala-System ist ein vertrauensbasiertes System über Mittelsmänner, über das Gelder ebenfalls an den Behörden vorbei ins Ausland transferiert werden.

224 Bergmann, 2020.

verstehen. Ihr Ziel ist die Errichtung eines Kalifats, d.h. einer Theokratie nach islamistischem Verständnis, die sich fast immer als weltweite Herrschaft versteht. Manchmal gibt es jedoch auch Gruppierungen, die zumindest vorerst einen lokalen Schwerpunkt legen, wie etwa die Taliban in Afghanistan. Die türkischen Ultranationalisten, die die Etablierung eines türkischen Großreichs „Turan" anstreben, denken dieses ebenfalls in einem regionalen Bereich und verknüpfen ethnische und auch rassistische Konzepte mit dem Islam. Daneben gibt es Gruppierungen, die in verschiedenen Regionen aktiv sind bzw. dort „Affiliates" haben, wie z.B. der IS und al-Qaida. Lokale Gruppierungen schwören den Anführern von IS und al-Qaida den „Treuerschwur" (Baya), behalten jedoch ihre bisherige Struktur bei. Durch diese lokalen Gruppierungen sind die Terrororganisationen sehr flexibel und können an die jeweilige Region angepasst agieren. Es handelt sich hierbei um weltweit agierende Terrorgruppen mit einem hohen Mobilisierungspotenzial. Zur Vernetzung tragen die modernen Massenmedien und insbesondere das Internet bei. Neben aktiven Gruppierungen können über das Internet mithilfe von Propaganda auch Einzeltäterinnen und Einzeltäter erreicht und diese mit Informationen, etwa zum Bombenbau, unterstützt werden. Gerade nach seinen Gebietsverlusten in Syrien und im Irak rief der IS vermehrt zu Anschlägen im „Westen" auf. Die dezentrale Organisation solcher Terrorgruppen macht sie besonders gefährlich, da mögliche Anschläge so weniger leicht prognostizierbar sind.

11.3 Rückkehrerinnen und Rückkehrer aus Syrien und dem Irak

Über einige Jahre gab es eine Ausreisewelle der dschihadistischen Szene aus Deutschland, aber auch aus anderen europäischen Ländern, nach Syrien und in den Irak. Diese Welle erreichte in den Jahren 2013/2014 einen Höhepunkt. Insgesamt sind seit 2011 mehr als 1.150 Personen aus Deutschland ausgereist. Circa 65 % dieser Personen haben nachweislich entweder „aufseiten des IS, von al-Qaida oder der ihnen nahestehenden Gruppierungen sowie anderer terroristischer Gruppierungen an Kampfhandlungen teilgenommen oder diese in sonstiger Weise unterstützt".[225] Im Zuge der Gründung des sogenannten „Islamischen Staates" riefen Extremistinnen und Extremisten zur Ausreise nach Syrien und in den Irak auf. Hintergrund dafür ist oftmals, dass nach ihrer Sichtweise ein Muslim oder eine Muslimin idealerweise in einem Gebiet leben sollte, in dem die Scharia etabliert ist und das von Muslimen beherrscht wird. Viele der ausgereisten Personen besitzen die deutsche Staatsbürgerschaft.

225 Bundesamt für Verfassungsschutz, 2021, S. 185.

Mehr als 270 der aus Deutschland Ausgereisten sind in Syrien/dem Irak umgekommen. Eine Personenzahl im unteren dreistelligen Bereich befindet sich derzeit in Syrien und dem Irak in Haft, vor allem in den Camps al-Hawl und Roj, die von kurdischen Kämpferinnen und Kämpfern überwacht werden.[226] Überwiegend handelt es sich dabei um Frauen und Kinder, die oftmals im IS-Gebiet geboren wurden. Für die kurdischen Behörden ist dies eine Belastung. Häufig äußern die Frauen aufgrund der schlechten Haftbedingungen auch selbst den Wunsch, wieder nach Deutschland oder Europa zurückzukehren. Laut Bundesamt für Verfassungsschutz beabsichtigt die Mehrzahl dieser Personen, nach Deutschland zurückzukehren.[227] Im Lager al-Hawl wurden nichtarabische von arabischen Gefangenen getrennt. Im Bereich der nichtarabischen Frauen werden laut Berichten die Regeln des IS durch die Bewohnerinnen aufrechterhalten und Personen, die sich nicht daran halten, entspechenden Strafen unterzogen. Es ist davon auszugehen, dass viele der Bewohnerinnen ihre Ideologie vor Ort nicht abgelegt haben. Laut BfV sind bereits mehr als ein Drittel der Ausgereisten wieder nach Deutschland zurückgekehrt. 140 davon hatten sich aktiv an Kämpfen in Syrien/dem Irak beteiligt und/oder wurden dafür ausgebildet.[228]

Die Rückkehr dieser Personen stellt die deutschen Behörden vor zahlreiche Herausforderungen. Eine davon ist die koordinierte Rückführung selbst nach Deutschland, die mit anderen Behörden abgestimmt werden muss, z.B. wenn es sich um Doppelstaatler handelt. Noch bevor sie in Deutschland angekommen ist, muss geprüft werden, ob die Person sich im Kriegsgebiet strafbar gemacht hat – dies betrifft sowohl Männer als auch Frauen, die im IS nicht immer die Rolle der Hausfrau und Mutter übernommen haben, sondern beispielsweise in der „Sittenpolizei“ (Hisba) aktiv waren oder sich an anderen Kriegsverbrechen beteiligten, wie Sklaverei und Plünderung.

Die Rückkehrerinnen und Rückkehrer können sich in unterschiedlicher Weise strafbar gemacht haben. Laut § 129 StGB machen sich Personen strafbar, die sich an der Bildung einer terroristischen Vereinigung beteiligen, auch wenn diese im Ausland aktiv ist. Ausschlaggebend für eine mögliche Verurteilung sind jedoch auch Motivation für die Ausreise und tatsächlich vor Ort ausgeübte Tätigkeiten. Seit 2015 steht auch die Ausreise aus der BRD unter Strafe, wenn diese dem Zweck der Vorbereitung einer staatsgefährdenden Gewalttat dient (§ 89a StGB). Die Beweisführung ist hier jedoch oftmals nicht einfach und wird z.B. erschwert, da die BRD keine diplomatischen Beziehungen zu

226 Ebenda.

227 Ebenda, S. 185 f.

228 Ebenda, S. 186.

Syrien unterhält. Debattiert wird auch der Entzug der deutschen Staatsbürgerschaft für solche Personen.[229]

Eine besondere Gefahr besteht durch weiterhin ideologisierte Personen, die möglicherweise eine Gefahr für Menschen in Deutschland darstellen können. Hier ist auch die Situation der Kinder zu berücksichtigen. Im IS-Gebiet war die Erziehung der Kinder auf den Kampf ausgerichtet. Sie wurden in den Schulen für den Kampf trainiert und hoch ideologisiert, z.B. „Ungläubige" als Feinde anzusehen. Die Grausamkeit des IS gegenüber Kindern ist insofern einzigartig, als dass Kinder nicht nur indoktriniert, als Kindersoldaten trainiert und eingesetzt, sondern auch zu Folterknechten und Henkern wurden. Es gibt Videos, in denen Kinder die hinzurichtenden Opfer vorführen oder gar selbst töten. Kinder wurden im IS nicht nur traumatisiert durch den Krieg und Hinrichtungen im öffentlichen Raum, sondern die Bewegung verlangt von dieser im Kalifat geborenen Generation, dass sie in der Zukunft Rom erobern soll.[230] Kinder, die Opfer einer solchen Indoktrinierung geworden sind, sind auf psychotherapeutische Begleitung angewiesen, um das Erlebte zu verarbeiten und in die Gesellschaft eingegliedert zu werden. Gleichzeitig müssen sie vor weiterem Missbrauch durch die Bewegung geschützt werden. Das BfV weist darauf hin, die Kinder „müssen somit vor allem als Opfer der Ideologie ihrer Eltern betrachtet werden und dürfen nicht pauschal stigmatisiert werden."[231] Die größte Gruppe der Kinder sind Kleinkinder, die die Ideologie noch nicht verinnerlicht haben und Verhaltensmerkmale höchstens oberflächlich nachahmen. Gerade jedoch bei Kindern ab neun Jahren begann oftmals die Ausbildung an der Waffe und die Vorbereitung auf den Kampfeinsatz. Bei älteren Kindern und Jugendlichen ist daher eine mögliche Indoktrinierung und eventuell auch Gefahr durch Kampftraining zu berücksichtigen.[232]

In die Arbeit mit den Rückkehrerinnen und Rückkehrern und deren Reintegration sind nicht nur Sicherheitsbehörden involviert, sondern dies ist eine gesamtgesellschaftliche Aufgabe.[233] Deutschland verfolgt hier einen partizipativen Ansatz mit Einbezug von zivilgesellschaftlichen Akteuren.[234]

229 Handle/Korn/Mücke/Walkenhorst, 2019, S. 4.

230 IS, Faruq Institut für Löwenjungen (Mahad al-Faruq li-l- Aschbal), 2015.

231 Bundesamt für Verfassungsschutz 2021, S. 186.

232 Handle/Korn/Mücke/Walkenhorst, 2019, S. 8.

233 Bundesamt für Verfassungsschutz 2021, S. 186.

234 Handle/Korn/Mücke/Walkenhorst, 2019, S. 8.

Zusammenfassungen

Online-Aktivitäten von Islamistinnen und Islamisten

- Verbreitung von Propaganda
- Rekrutierung neuer Anhängerinnen und Anhänger
- Vernetzung untereinander oder mit anderen Gruppierungen
- „Cyberkrieg“: Computerviren, Denial-of-Service-Angriffe, Hacks
- Terrorfinanzierung, beispielsweise mithilfe von Kryptowährungen
- Verbreitung taktischer Anweisungen (Bombenbau, Verhalten als Inghimasi)

Herausforderungen für die Polizei:

- Dezentralität des Internets (über Landesgrenzen hinweg)
- mangelnde Kooperation von Online-Anbietern oder Ländern, in denen diese angesiedelt sind, für eine mögliche Strafverfolgung
- fehlende materielle Ausstattung
- mangelhafte personelle Ausstattung
- schwierige Nachverfolgung von Kryptowährungen

Rückkehrer/innen aus Syrien/Irak (Zahlen aus BfV-Bericht von 2021)

- Ausreisen vor allem in den Jahren 2014/15
- Ausreisen zu verschiedenen terroristischen Gruppierungen, aber hauptsächlich zum IS
- mehr als 1.150 Personen aus Deutschland ausgereist, 270 verstorben
- Personen im unteren dreistelligen Bereich vor Ort im Gewahrsam
- mehr als 1/3 der Ausgereisten wieder in Deutschland
- 140 Zurückgekehrte mit Kampferfahrung/Training
- Gefahr durch ideologisierte Personen mit Gewalterfahrung
- Sowohl Männer als auch Frauen können gekämpft haben bzw. können in unterschiedliche (Kriegs-)Verbrechen verwickelt gewesen sein.
- Bedarf für Bewältigung von Traumata, insbesondere bei Kindern, die zurückkehren
- Kinder wurden indoktriniert und zum Teil zum Kampf ausgebildet.

Herausforderungen für die Polizei:

- Zusammenarbeit mit anderen Sicherheitsbehörden und zivilgesellschaftlichen Trägern
- Ermittlungen zu Geschehnissen und möglichen Straftaten im Kriegsgebiet
- Herausforderung besteht insbesondere durch gewaltbereite ideologisierte Personen.
- relativ großes Personenpotenzial, das über Kampferfahrung bzw. Kampftraining im Kriegsgebiet verfügt
- Umgang mit Traumata und weiterer Ideologisierung
- weiterer Umgang mit Familiengruppen und Betreuung von Minderjährigen

12 Aktuelle Gegenmaßnahmen der Sicherheitsbehörden sowie Präventions- und Deradikalisierungsprogramme

12.1 Lehren aus dem Attentat am Breitscheidplatz

Das durch den tunesischen Staatsbürger Anis Amri am 19.12.2016 ausgeführte Attentat auf den Weihnachtsmarkt auf dem Berliner Breitscheidplatz platz mit 13 Toten und 170 zum Teil schwer Verletzten war das bisher verheerendste Attentat, das in Deutschland verübt wurde.

Der Attentäter Anis Amri wuchs in Tunesien auf, wo er bereits früh delinquent wurde. Er verübte Diebstahls-, Raub- und Drogendelikte. Mit einem Boot gelangte er als Flüchtling nach Italien, wo er ebenfalls straffällig wurde und durch radikales Gedankengut auffiel. Amri reiste weiter in die Schweiz und dann nach Deutschland, wo er mit zahlreichen verschiedenen Identitäten unterwegs war und Kontakte in die salafistische Szene (zum Kreis um Abu Walaa) unterhielt. Er war verschiedenen deutschen Behörden bekannt, u.a. wurde er vom LKA NRW als Gefährder eingestuft. Sein Fall wurde wenige Zeit vor dem Anschlag auch im Gemeinsamen Terrorabwehrzentrum (GTAZ) besprochen.[235] Seine Überwachung wurde jedoch im September 2016 eingestellt.[236]

235 Focus.de, 2016.

236 Bundeszentrale für politische Bildung, 2021.

In der Folge des Attentats auf dem Berliner Breitscheidplatz taten sich zahlreiche Fragen auf. Zu diesen gehören beispielsweise, warum man dieses Attentat nicht hatte verhindern können (insbesondere im Hinblick darauf, dass Anis Amri eine kriminelle Vorgeschichte hatte und mit salafistischem Gedankengut aufgefallen war) sowie die Frage nach der Rolle der Sicherheitsbehörden im Vorfeld des Attentats und Lehren für die Zukunft.

Zur Klärung der Fragen und Probleme und um zukünftige Anschläge möglichst zu verhindern, wurde im März 2018 zunächst ein Untersuchungsausschuss des Bundestages eingesetzt, welcher Akten der Sicherheits- und Ermittlungsbehörden von Bund und Ländern auswertete und Zeugen und Sachverständige befragte. Im Juni 2021 legte dieser Untersuchungsausschuss einen Bericht vor.[237] Im August 2021 legte auch der vom Berliner Abgeordnetenhaus eingesetzte Untersuchungsausschuss seinen Bericht vor.[238] Weitere Schlussfolgerungen brachte der 826-seitige „Schlussbericht des Parlamentarischen Untersuchungsausschusses I („Fall Amri") zu dem Auftrag des Landtags Nordrhein-Westfalen".[239] Darin wurden 25 Empfehlungen gegeben (aufgeteilt in die Themenbereiche „Opfer", „Flüchtlinge", „Justiz" und „Inneres"). Empfohlen wurden u.a. eine bessere Opferbetreuung, mehr Prävention und konsequente Nutzung aller Instrumente zur Minimierung der Gefahr durch ausländische Gefährder, die Einrichtung eines Staatsschutzzentrums (ZenTer) der Generalbundesanwaltschaft in Düsseldorf, die Aufstockung der Stellen der Justiz und im Strafvollzug, die Schaffung informationstechnischer Grundlagen zur reibungslosen Datenübermittlung zwischen den Behörden und eine strengere Überwachung des Waffenbesitzes, um zu verhindern, dass Waffen in die Hände von Extremisten gelangen.

Seit dem Anschlag auf den Breitscheidplatz gab es zahlreiche Änderungen und kontinuierliche Verbesserungen. Diese betreffen sowohl die Situation in Berlin selbst als auch deutschlandweit. In Berlin wurde beispielsweise eine Polizeistrukturreform durchgeführt. Es gibt dort nun ein eigenes LKA 8, welches zuständig ist für islamistischen Extremismus und Terrorismus. Zudem gibt es eine strukturierte Gefährderbearbeitung. Die Personalanzahl wurde erhöht und verbesserte Arbeitsabläufe implementiert.

Hervorzuheben ist auch das bundesweit neu eingeführte Bewertungssystem RADAR-iTE, in welchem die Person des Bewerteten stärker im Fokus steht. Die

---

237 Deutscher Bundestag, Beschlussempfehlung und Bericht des 1. Untersuchungsausschusses der 19. Wahlperiode gemäß Artikel 44 des Grundgesetzes, Drucksache 19/30800.

238 Abgeordnetenhaus Berlin, Bericht des 1. Untersuchungsausschusses des Abgeordnetenhauses von Berlin – 18. Wahlperiode – zur Untersuchung des Ermittlungsvorgehens im Zusammenhang mit dem Terroranschlag am Breitscheidplatz am 19.12.2016; Drucksache 18/4000.

239 Ebenda, S. 511–514.

Abkürzung RADAR-iTE steht für „Regelbasierte Analyse potentiell destruktiver Täter zur Einschätzung des akuten Risikos – Islamistischer Terrorismus". Es handelt sich um ein vom BKA und der Universität Konstanz entwickeltes bundesweit einheitliches Bewertungstool zur Einschätzung des Gewaltrisikos von Salafistinnen und Salafisten, das verhindern soll, dass unterschiedliche Dienststellen zu subjektiv unterschiedlichen Einschätzungen kommen. Für diese Bewertung wird ein Risikobewertungsbogen mit standardisierten Fragen zum Verhalten des Verdächtigen genutzt, welcher eine einheitliche und transparente Bewertungsgrundlage bietet. RADAR-iTE wurde seit September 2016 stufenweise bei den Behörden der Landesebene eingeführt.[240]

Im bereits 2004 nach dem Attentat in Madrid eingerichteten Gemeinsamen Terrorabwehrzentrum (GTAZ) wurde die Kooperation der Behörden gestärkt, was z.B. beinhaltete, dass seither umfangreichere Sitzungsprotokolle der täglichen Sitzungen an die zuständigen Stellen der unterschiedlichen Behörden versandt werden und das GTAZ um die „AG Risikomanagement" erweitert wurde.[241] Im November 2019 richtete das BKA die neue Abteilung „Islamistischer Extremismus und Terrorismus" ein.[242] Im Juli 2021 wurde das neu gegründete Anti-Terrorzentrum im ehemaligen Reichspostzentralamt in Berlin-Tempelhof eröffnet. Dort arbeiten seither die Operativen Dienste und der Staatsschutz der Berliner Polizei in zentraler Lage.[243] Auch hinsichtlich des bundesweiten Abgleichs von Daten in Asylverfahren wurden Fortschritte erzielt. So wurde ein Kerndatensystem im Ausländerzentralregister eingeführt, um zu vermeiden, dass Personen unter unterschiedlichen Identitäten Asylanträge stellen können (wie dies bei Amri geschehen war). Seit dem Frühjahr 2017 können ausreisepflichtige Ausländerinnen und Ausländer zudem verpflichtet werden, eine elektronische Fußfessel zu tragen. Außerdem können die Bundesländer laut dem „Gesetz zur besseren Durchsetzung der Ausreisepflicht" Asylsuchende ohne Bleibeperspektive verpflichten, bis zum Ende des Asylverfahrens in einer Erstaufnahmeeinrichtung zu verbleiben und Asyl- und Schutzsuchende können leichter in Abschiebehaft genommen werden.

Auch der Umgang mit Opfern von Terroranschlägen wurde verbessert. So wurden Anlaufstellen für Opfer eingerichtet und die Finanzhilfen für Opfer erhöht. Zudem wurden in Berlin im März 2021 die gesetzlichen Grundlagen für die psychologische Betreuung von Opfern geschaffen.

240 Bundeskriminalamt, 2017.

241 Neveling, 2021.

242 Bundeskriminalamt, ohne Datum.

243 Senatsverwaltung für Inneres, Digitalisierung und Sport, 2021.

Lokal wurden zudem Sicherheitsmaßnahmen bei Großveranstaltungen verschärft, indem etwa Betonpoller eingesetzt werden, um Anschläge mit LKW zu verhindern.

12.2 Polizeiliche Prävention

Die Prävention von Islamismus ist eine gesamtgesellschaftliche Aufgabe, in die sowohl die verschiedenen deutschen Sicherheitsbehörden als auch zivilgesellschaftliche Träger involviert sind. Das Ziel der Polizei im Rahmen der Prävention von Islamismus ist es, Straftaten zu verhindern und Gefahren für die Öffentlichkeit abzuwenden. Die genaue Ausgestaltung der Prävention bzw. der Bereich, den zivilgesellschaftliche Träger oder die Polizei abdecken, sieht je nach Bundesland unterschiedlich aus. Ein Grund dafür ist, dass die Sicherheitsrelevanz der Bereiche unterschiedlich eingestuft wird. Dies betrifft insbesondere die Tertiärprävention, d.h. den Umgang mit bereits radikalisierten Personen. Diese wird z.B. in den Ländern Schleswig-Holstein, Hamburg und Bremen von zivilgesellschaftlichen Trägern übernommen, in anderen Ländern wie z.B. Niedersachsen, Nordrhein-Westfalen und Baden-Württemberg von Verfassungsschutz und Polizei. Für eine sicherheitsbehördliche Übernahme des Umgangs mit radikalisierten Personen spricht vor allem, dass man befürchtet, dass von diesen eine Gefahr für die Öffentlichkeit ausgeht. Für eine Übernahme durch zivilgesellschaftliche Träger wird hingegen vorgebracht, dass diese eventuell leichter einen Zugang zu den radikalisierten Personen finden als Vertreterinnen und Vertreter des von Islamistinnen und Islamisten abgelehnten Staates.[244]

Eine sehr gute Übersicht über Akteure und Strukturen der Islamismusprävention in den einzelnen Bundesländern findet sich auf der Webseite der Bundeszentrale für politische Bildung[245] bzw. ist auch als Print-Publikation im Shop der Bundeszentrale für politische Bildung bestellbar unter dem Titel: „Islamismusprävention in Deutschland. Akteure und Strukturen in Bund und Ländern“.

Allerdings ist nicht nur die Aufgabenverteilung zwischen Polizei und Zivilgesellschaft unterschiedlich geregelt, sondern auch innerhalb der jeweiligen Polizei kann es unterschiedliche Aufgabenverteilungen hinsichtlich der Prävention von Islamismus geben, beispielsweise zwischen den Bereichen Prävention und Staatsschutz. Im Bereich der Primär- und Sekundärprävention

244 Fouad, ohne Datum.

245 Bundeszentrale für politische Bildung, ohne Datum.

können auch polizeiliche Präventionsbereiche außerhalb des Staatsschutzes involviert sein.

Generell kann die Polizei beispielsweise Vorträge anbieten, Seminare oder Beratungen durchführen. Auch der Dialog mit anderen Behörden oder Trägern der Zivilgesellschaft ist hier höchst bedeutend, um zu verdeutlichen, was die Polizei in diesem Themenfeld macht, wo genau die Gefahren von Islamismus liegen etc. Hier können insbesondere die bei der Polizei tätigen Wissenschaftlerinnen und Wissenschaftler eine wichtige Rolle spielen.

In den letzten beiden Jahrzehnten sind innerhalb der Polizei immer mehr Wissenschaftlerinnen und Wissenschaftler eingestellt worden, wie etwa Islamwissenschaftlerinnen und Islamwissenschaftler oder auch Politikwissenschaftlerinnen und Politikwissenschaftler, die im Bereich Bekämpfung der Politisch motivierten Kriminalität tätig sind und hier – neben anderen Aufgaben – auch wichtige Präventionsarbeit leisten. Diese externe Expertise trägt zur Optimierung der Islamismusprävention innerhalb der Polizei bei. Je nach Aufgabenfeld kann von diesen auch Forschungsarbeit geleistet werden.

Forschung wird auch an den Hochschulen und Akademien der jeweiligen Bundesländer oder des Bundes durchgeführt, an denen zukünftige Polizistinnen und Polizisten studieren. Auch hier haben Wissenschaftlerinnen und Wissenschaftler eine wichtige Funktion im Bereich des Wissenschafts-Praxis-Transfers (und umgekehrt).

Die Polizei übernimmt einen Teil der Prävention von Islamismus, jedoch ist gerade das Zusammenwirken aller Akteure entscheidend.

12.3 Zivilgesellschaftliche Projekte der Prävention

Deutschlandweit gibt es eine große Zahl zivilgesellschaftlicher Projekte der Prävention von Islamismus, die von unterschiedlichen Trägern betreut werden. Aktiv sind diese in den Bereichen Primär-, Sekundär- und Tertiärprävention.[246]

- **Primärprävention:** Die Primärprävention wird auch universelle Prävention genannt. Es geht um eine allgemeine Prävention, die z.B. die Resilienz von Kindern und Jugendlichen generell stärken soll. Hier kann auch z.B. allgemein die kritische Medienkompetenz gestärkt werden oder es können Workshops zur Demokratiestärkung durchgeführt werden.

246 Die Begrifflichkeiten für die Art der Prävention variieren zum Teil und setzen leicht unterschiedliche Schwerpunkte.

- **Sekundärprävention:** Die Sekundärprävention ist auch unter dem Begriff selektive Prävention bekannt. Sie richtet sich gezielt an Personengruppen, die etwa Risikofaktoren für eine Radikalisierung aufweisen.
- **Tertiärprävention:** Die Tertiärprävention ist auch als indizierte Prävention bekannt. Sie ist auf bereits radikalisierte Einzelpersonen ausgerichtet. Die Tertiärprävention umfasst Maßnahmen der Deradikalisierung.

In Deutschland gibt es zahlreiche Projekte in allen drei Bereichen, die von unterschiedlichen Trägern angeboten werden. Diese sind zum Teil regional ausgerichtet und teilweise überregional oder auch im Online-Bereich deutschland- und weltweit verfügbar. Der Bereich Tertiärprävention wird in einigen Bundesländern auch von den Sicherheitsbehörden abgedeckt. Der Fokus der Prävention zivilgesellschaftlicher Träger liegt oftmals auf dem Themenfeld Salafismus.

Die jeweiligen Träger führen – je nach Art und Ausrichtung des Trägers – bundesweite bzw. bundeslandspezifische bzw. regionale Projekte durch. Zum Teil handelt es sich um Projekte in Präsenz und zum Teil auch um Online-Angebote. Ein Beispiel für Online-Prävention ist etwa das Projekt „Jamal al-Khatib – mein Weg" des Vereins TURN – Verein für Gewalt- und Extremismusprävention, welches sich an Jugendliche wendet und Prävention gegen Online-Propaganda betreibt, oder auch die aufsuchende Sozialarbeit von „Streetwork@online" mit seiner Plattform „I am-street Berlin", welche getragen wird von dem Verein Akzeptanz Vertrauen Perspektive e.V. (AVP e.V.). Oftmals handelt es sich auch bei der Online-Prävention jedoch nicht nur um reine Online-Angebote, sondern um eine Kombination aus Online- und Präsenz-Maßnahmen.[247]

Die – laut eigenen Angaben – zuerst in Deutschland angesiedelte Initiative im Phänomenfeld islamischer Extremismus ist HAYAT-Deutschland, welche von der Extremismus-Expertin Claudia Dantschke mitbegründet wurde. Es handelt sich um eine Initiative der ZDK Gesellschaft Demokratische Kultur GmbH. HAYAT-Deutschland bietet Eltern- und Angehörigenberatung und Ausstiegsberatung.[248]

Ein großer langjähriger Träger der Islamismusprävention ist auch die Violence Prevention Network gGmbH. Neben Beratung, z.B. für Angehörige und pädagogisches Fachpersonal, bietet sie auch Workshops, Fortbildungen, Deradikalisierung im Strafvollzug und Distanzierungs- und Ausstiegsbegleitung an. In verschiedenen Bundesländern verfügt sie über Beratungsstellen.[249] Sie gibt

247 Lang, 2022, S. 23–27.

248 Webseite von HAYAT-Deutschland.

249 Webseite des Violence Prevention Networks (Über uns).

zudem regelmäßige Veröffentlichungen heraus[250] und betreibt im Rahmen der Violence Prevention Akademie auch Forschung[251].

Auch ufuq.de ist bundesweit im Bereich der Islamismusprävention tätig. Der Verein führt unterschiedliche Projekte durch und hat Fachstellen in Berlin und Bayern. Hervorzuheben sind auch seine Online-Bibliothek mit Arbeitshilfen und Lernmaterialien und seine Publikationen mit Handreichungen, Lernmaterialien, Videos und Podcasts.[252]

Die verschiedenen Träger in Deutschland sind zudem sehr gut vernetzt. So sind beispielsweise sowohl ufuq.de als auch die Violence Prevention Network gGmbH Teil des Kompetenznetzwerks Islamistischer Extremismus [KN:IX] und der Bundesarbeitsgemeinschaft religiös begründeter Extremismus e.V. (BAG RelEx). Die BAG RelEx vereint derzeit bundesweit 33 Träger (Stand April 2023).[253] KN:IX ist ein Projektverbund, der u.a. aktuelle Entwicklungen und Herausforderungen analysiert, Präventionsakteure und den Wissens- und Praxistransfer unterstützt.[254]

Die zahlreichen Fortbildungen, die die zivilgesellschaftlichen Akteure anbieten, können auf ihren jeweiligen Webseiten gefunden werden bzw. sind oftmals auch zentral im Veranstaltungskalender Radikalisierung, Islamismus & Prävention der Bundeszentrale für politische Bildung (https://www.bpb.de/themen/infodienst/218885/veranstaltungskalender/) zu finden. Sie können auch für die polizeiliche Praxis nützlich sein.

250 Webseite des Violence Prevention Networks (Über uns – Publikationen).

251 Webseite der Akademie des Violence Prevention Networks.

252 Webseite von Ufuq.

253 Webseite der BAG RelEx.

254 Webseite von KN:IX.

Zusammenfassung

Lehren aus dem Attentat auf dem Breitscheidplatz

- Nach dem Attentat auf dem Breitscheidplatz stellen sich Fragen: Warum konnte es nicht verhindert werden? Wie kann man in Zukunft solche Attentate verhindern?
- Einrichtung von Untersuchungsausschüssen
- festgestelle Probleme: mangelhafte Zusammenarbeit der Sicherheitsbehörden, Fehleinschätzungen, unklare Zuständigkeiten, die nicht umfassende Aufklärung von Amris Umfeld und Personalmangel
- Änderungen und kontinuierliche Verbesserungen: Reformen in Berlin und bundesweit; u.a. Einführung von Bewertungssystem RADAR-iTE, Kerndatensystem Ausländerzentralregister, „Gesetz zur besseren Durchsetzung der Ausreisepflicht", leichtere Abschiebehaft; bessere Opferbetreuung

Polizeiliche Prävention

- Ziel der polizeilichen Prävention: Straftaten verhindern und Gefahren für Öffentlichkeit abwenden
- je nach Bundesland unterschiedliche Zusammenarbeit mit zivilgesellschaftlichen Trägern
- auch innerhalb der Polizeien unterschiedliche Strukturen
- wichtige Rolle von Wissenschaftlerinnen und Wissenschaftlern
- Zusammenwirken aller Akteure bedeutend

Zivilgesellschaftliche Projekte der Prävention

- Vielfalt der Projekte in Primärprävention (universelle Prävention), Sekundärprävention (selektive Prävention) und Tertiärprävention (indizierte Prävention)
- bundesweite, bundeslandspezifische und regionale Projekte, auch im Online-Bereich

13 Fazit und Handlungsempfehlungen

Der Islamismus mit seinen zahlreichen unterschiedlichen Ausprägungen ist ein jahrzehntealtes und weltweit auftretendes Phänomen, das eine erschreckende Anpassungsfähigkeit an die jeweiligen Regionen/Länder und historischen Gegebenheiten gezeigt hat. Auch in Deutschland ist der Islamismus fest etabliert und weist ein relativ hohes Personenpotenzial auf, das von eher quietistischen Strömungen bis hin zum Dschihadismus reicht. Dabei dürfen die quietistischen Strömungen nicht unterschätzt werden, da sie einen Nährboden auch für gewaltbereite Gruppierungen darstellen können. Europa wurde in den letzten Jahren von mehreren schweren Anschlägen erschüttert und wird auch weiterhin ein Ziel von Islamistinnen und Islamisten sein. Für diese ist es nicht nur als Anschlagsziel von Interesse, sondern Islamistinnen und Islamisten werben auch in westlichen Ländern gezielt neue Mitglieder an. Sie verbreiten offensiv ihre Propaganda, werben Spendengelder ein und nutzen europäische Länder als Rückzugsort. Auch Deutschland ist davon betroffen. Der Islamismus wird daher auch in den nächsten Jahrzehnten eine nicht zu unterschätzende Gefahr für die innere Sicherheit in Deutschland und Europa darstellen.

Islamistische Gruppierungen weisen eine hohe Vernetzung und Mobilität auf. Dies wird beispielsweise auch bei einer Mobilität innerhalb Deutschlands deutlich, weshalb etwa eine ungehinderte Kommunikation von Sicherheitsbehörden bundeslandübergreifend innerhalb Deutschlands essentiell ist. Weltweite Entwicklungen haben zudem unmittelbare Auswirkungen auf die innere Sicherheit auch in Deutschland. Daher sollten auch die internationale Kommunikation und der Austausch mit Sicherheitsbehörden weltweit weiter gefördert werden.

Oftmals wenig beachtet wird der legalistische Islamismus, der auf vermeintlich legalem Wege ebenfalls anstrebt, die freiheitliche demokratische Grundordnung zu unterminieren und auf lange Sicht abzuschaffen. Der legalistische Islamismus ist eines der Felder, mit denen sich deutsche Sicherheitsbehörden in Zukunft noch mehr beschäftigen sollten. Seine Gefahren sollten auch vonseiten der Polizei nicht unterschätzt werden.

Um den Gefahren des Islamismus in seinen unterschiedlichen Ausprägungsformen zu begegnen, ist es notwendig, dass der Polizei in Deutschland dafür genug Personal zur Verfügung steht. Der Mangel an Polizistinnen und Polizisten wird vielfach thematisiert, aber gerade im Bereich Extremismus ist es besonders zentral, dass die zuständigen Dienststellen mit genug Personal ausgestattet sind. Dies betrifft auch die technische Ausrüstung gerade im Hinblick darauf, dass vor allem die jungen Generationen von Islamistinnen und Islamisten als Digital Natives hervorragend mit dem Internet, Messengerdiensten etc. vertraut sind. Auf diese Gegebenheiten sollte bereits umfassend im Studium der Polizistinnen und Polizisten eingegangen werden und es sollten ausreichende Fortbildungsmöglichkeiten zur Verfügung gestellt werden.

Zentral ist zudem auch die Einstellung von ausreichendem Fachpersonal, d.h. von Islam- und Regionalwissenschaftlerinnen und Islam- und Regionalwissenschaftlern und Politikwissenschaftlerinnen und Politikwissenschaftlern. Diese bringen unschätzbares Wissen in die Polizeiarbeit mit ein und können eine Dienststelle durch dieses bereichern. Wissenschaftlerinnen und Wissenschaftler können zur weiteren Professionalisierung der Polizei beitragen und auch dazu, dass die Polizei mit wissenschaftlichen Einrichtungen etc. kommunizieren kann, wo bereits Wissenschaftlerinnen und Wissenschaftler mit dem Themenfeld Extremismus betraut sind. Die Islam- und Regionalwissenschaftlerinnen und Islam- und Regionalwissenschaftler können Polizistinnen und Polizisten weiter qualifizieren und durch eigene wissenschaftliche Forschung und Publikationen den wissenschaftlichen Austausch fördern. Zudem können sie die jeweils aktuellen Bedarfe innerhalb der Polizei erheben, um diese auch in Zukunft optimal zu unterstützen. Auch dafür sollte von politischer Seite eine umfassende Unterstützung der Polizeibehörden ermöglicht werden – dies betrifft neben den finanziellen auch die rechtlichen Rahmenbedingungen.

Die Verteidigung der freiheitlichen demokratischen Grundordnung gegen jede Form des Extremismus ist eine gesamtgesellschaftliche Aufgabe, die nicht alleine von den Sicherheitsbehörden getragen werden kann und sollte. Sie sind ein Element in einem Mosaik, das z.B. auch zivilgesellschaftliche Träger der Extremismusprävention und Demokratieförderung einschließen muss. Es ist daher notwendig, den bereits bestehenden und oftmals sehr positiven Austausch zwischen zivilgesellschaftlichen Trägern und Sicherheitsbehörden weiter zu optimieren. Extremismusprävention beginnt bereits mit einer positiven Wahrnehmung von Demokratie und Demokratieförderung im Kindergarten- und Schulalter. Gerade in Deutschland sind eine Vielfalt von Akteuren in die Prävention von Extremismus und Deradikalisierung involviert. Dabei nehmen die Polizeibehörden eine wichtige Rolle ein.

Literaturverzeichnis

Primärquellen

Ahram Canada: Das Klingen der Schwerter
بالصوره : أول حوار مع منشد „صليل الصوارم" الداعشى,
05.03.2015, http://www.ahram-canada.com/55064/ [abgerufen am 07.09.2022].

Al-Adnani Al-Schami, Abu Muhammad: Ansprache „Dein Gott ist immer wachsam" (ان ربك لبالمرصاد), al-Furqan Media, 21.09.2014. Englische Zusammenfassung und Teilübersetzung verfügbar auf Kyle Ortons Blog: https://kyleorton.co.uk/2014/09/22/islamic-state-spokesman-calls-for-attacks-against-the-west/#more-3294 [abgerufen am 31.10.2022].

Al-Hayat Media Center: Mahad al-Faruq li-l- Aschbal (Faruq Institut für Löwenjungen), Raqqa, 2015.

Al-I'tisam Media: Vivid Messages From The Becillus City Of Bayji#2 [sic!], 14.02.2015, https://jihadology.net/2015/02/14/al-itiṣam-media-presents-a-new-video-message-from-the-islamic-state-vivid-messages-from-the-bacil lus-city-of-bayji-2/ [abgerufen am 04.10.2022].

Al-Jazeera: „Sheik Al-Qaradhawi on Homosexuality and Western Culture", übersetzt und veröffentlicht auf: MEMRI, 28.11.2004, https://www.memri.org/tv/sheik-al-qaradhawi-homosexuality-and-western-culture [abgerufen am 05.06.2023].

Al-Maqdisi, Abu Muhammad: Ad-Dimuqratiyya Din, Minbar at-Tauhid wa-'-Dschihad, 1993, siehe auch deutsche Übersetzung unter: https://ia600807.us.archive.org/22/items/ad-dimuqratiyya-din-die-religion-der-demokra tie/ad-dimuqratiyya-din-die-religion-der-demokratie.pdf [abgerufen am 03.06.2023].

Al-Munajjid, Muhammad Salih: „Die kurz zusammengefassten Regeln im [sic!] Bezug auf die Männerkleidung", in: Der Islam – Frage und Antwort, 30.10.2020, https://islamqa.info/ge/answers/36891/die-kurz-zusam mengefassten-regeln-im-bezug-auf-die-mannerkleidung [abgerufen am 05.06.2023].

Azzam, Abdullah: fi 'l-Dschihad Adab wa Akham, Peschawar, 1986.

Chair al-Umma, Baytik, Nr. 21, Tischrin al-Awwal [Oktober] 2019.

Chomeini, Ruhollah: Der islamische Staat, Hassan, Nader und Itscherenska, Ilse (Übers.), Klaus Schwarz Verlag, Berlin, 1983.

Fa Tūba lil Ghurabā: „Eine Rose und eine Perle (Der Wert der Frau im Islam)“, in: Youtube, 25.06.2011, https://www.youtube.com/watch?v=0UFKnCogOxU [abgerufen am 05.07.2022].

Generation Islam: „Der Westen und der Kampf der Ideen“, in: Youtube, 05.09.2021, https://www.youtube.com/watch?v=YLZYwWdpENo [abgerufen am 10.09.2022].

Generation Islam: „Meine TOCHTER möchte NICHT den Hijab tragen| Ramadan deine Chance“, in: Youtube, 28.04.2022, https://www.youtube.com/watch?v=yPKFKITE2wo [abgerufen am 03.09.2022].

Hizb ut-Tahrir: Das Kalifat, keine Angabe eines Verlagshauses, 19 Rajab 1438, 22. April 2017, https://www.hizb-ut-tahrir.info/gr/index.php/literatur/buecher/649.html [abgerufen am 07.06.2022].

Ikhwanweb: Establishment of the Muslim Brotherhood, 02.06.2007, https://www.ikhwanweb.com/article.php?id=796&ref=search.php [abgerufen am 20.06.2022].

International Affairs Department, „Imam Khomeini Thanked French People for Hospitality“, in: Imam Khomeini, Ruhollah Mousavi Khomeini, The Institute for Compilation and Publication of Imam Khomeini’s Works, Iran, 02.02.2017, http://en.imam-khomeini.ir/en/n18589/Imam_Khomeini_thanked_French_people_for_hospitability [abgerufen am 31.10.2022].

Islamweb.net: Dyeing [sic!] the hair with Henna is a confirmed Sunnah, Fatwa Nr. 91006, 1426/2006.

Maktaba al-Himma, „Damit ich mit euch die anderen Nationen übertreffe“, in: Rumiyah, Nr. 5, Rabi‘ al-Achir 1438 [September 2016].

Maktaba al-Himma: Rumiyah, Nr. 2, Muharram 1438 [Oktober 2016].

Middle East Quarterly: „The Qaradawi Fatwas“, in: Middle East Forum, Vol 11, Nr. 3, Sommer 2004, S. 78–80, https://www.meforum.org/646/the-qaradawi-fatwas [abgerufen am 21.10.2022].

Mohamed Atta, „Mohamed Atta and Ziad Jarrah in Afghanistan“, in: Youtube, Oktober 2022, https://www.youtube.com/watch?v=NvTgwwCcv1U [abgerufen am 27.01.2023].

Muslim Interaktiv: „Wer ist Muslim Interaktiv? I #DieMaskensindgefallen“, in: Youtube, 07.06.2021 [abgerufen am 24.08.2022].

Ohne Autorenangabe: „Jewish Conspiracy – The Protocols oft he Learned Elders of Zion“, Islamic Propagation Organization, Teheran, 1405/1985.

Ohne Autorenangabe, „Ein Ruf zu Hijrah“, in: Dabiq, Nr. 1, Ramadan 1435 [Juni/Juli 2014].

Ohne Autorenangabe, „The Revival of Slavery before the Hour“, in: Dabiq, Nr. 4, Dhul-Hijjah 1435 [September 2014].

Ohne Autorenangabe: „Damit ich mit euch die anderen Nationen übertreffe“, in: Rumiyah, Nr. 5, Rabi‘ al-Akhir 1438 [05.09.2016].

Ohne Autorenangabe: „Die Frau ist eine Hirtin im Haus ihres Ehemannes und verantwortlich für ihre Herde“, in: Rumiyah, Nr. 9, Schaban 1438 [Mai 2017].

Qadhi, Yasir: „How Long One's Beard Should Be?“, in: Youtube, 2020, https://www.youtube.com/watch?v=hIuJalmo7ng [abgerufen am 05.06.2023].

Quranurdut: Islamic T-Shirts, in: blogspot.com, 2023, https://quranurdut.blogspot.com/2015/04/islamic-t-shirts.html [abgerufen am 05.06.2023].

Realität Islam: „Die Wahrheit hinter der „Präventionsarbeit“, Sprecher: Suhaib Hoffmann, in: Youtube, 25.08.2022, https://www.youtube.com/watch?v=A44ViGm7-O4 [abgerufen am 10.09.2022].

Realität Islam: „Wurde LGBTQ Halal zertifiziert?“, Sprecher: Suhaib Hoffmann, in: Youtube, 30.06.2021, https://www.youtube.com/watch?v=oFeqX74ToXs [abgerufen am 10.09.2022].

The AQ Chef: „Make a Bomb in the Kitchen of Your Mom“, in: Inspire, al-Mala hem Media, Summer 1431/2010.

Umm Sumayyah al-Muhajirah: „Slave-Girls or Prostitutes?“, in: Dabiq, Nr. 9, Sha'aban 1436/Mai 2015.

Ummulfaraidh, „The 'Black Flag of Tawheed' which is being raised all around the world, is a sign of unity in the Muslim Ummah“, in: wordpress.com, 06.08.2013 [abgerufen am 26.05.2023].

Wilaya Ala al-Din: „Bayji: The Castle of Steadfastness – Wilayat Salah al-Din“, 14.09.2015, https://jihadology.net/2015/09/14/new-video-message-from-the-islamic-state-bayji-the-castle-of-steadfastness-wilayat-%e1%b9%a3a-la%e1%b8%a5-al-din/ [abgerufen am 04.10.2022].

Sekundärquellen

Behörde für Inneres und Sport: Neue Hamburger Gruppierung mit Nähe zur Hizb ut-Tahrir (HuT), 04.12.2020, https://www.hamburg.de/innenbehoerde/schlagzeilen/14709388/islamismus-muslim-interaktiv-hut/“ [abgerufen am 30.04.2023].

Bundesamt für Migration und Flüchtlinge: „Muslimisches Leben in Deutschland 2020“, 28.04.2021, https://www.bamf.de/SharedDocs/Anlagen/DE/Forschung/Forschungsberichte/fb38-muslimisches-leben.html [abgerufen am 13.06.2023].

Bundesministerium des Innern und für Heimat: Behördenhandeln um die Person des Attentäters vom Breitscheidplatz Anis AMRI, Februar 2017, https://www.bmi.bund.de/SharedDocs/downloads/DE/veroeffentlichungen/themen/sicherheit/chronologie amri.pdf;jsessionid=1B3198E2C9B881B1F31BA755CE6312B9.2_cid350?__blob=publicationFile&v=3 [abgerufen am 09.05.2023].

Bundesministerium des Innern, für Bau und Heimat: Verfassungsschutzbericht 2020, Berlin 2021.

Bundesministerium des Innern, für Bau und Heimat: Verfassungsschutzbericht 2021, Berlin 2022.

Clement, Rolf/Jöris, Paul Elmar: Islamistische Terroristen aus Deutschland, bpb, ohne Angabe des Jahres der Veröffentlichung. https://www.bpb.de/system/files/dokument_pdf/Clement,%20J%C3%B6ris%20-%20Islamistische%20Terroristen%20aus%20Deutschland.pdf [abgerufen am 26.01.2023].

Deutscher Bundestag: Beschlussempfehlung und Bericht des 1. Untersuchungsausschusses der 19. Wahlperiode gemäß Artikel 44 des Grundgesetzes, Drucksache 19/30800, https://dserver.bundestag.de/btd/19/308/1930800.pdf [abgerufen am 26.04.2023].

Ettmüller, Eliane: „Frauen im Kampf für das Kalifat: Propaganda im syrischen Bürgerkrieg“, in: Kriminalistik, Nr. 2, Februar 2021.

Euben, Roxanne L./Zaman, Muhammad Qasim (Hrsg.): Princeton Readings in Islamist Thought – Texts and Contexts from al-Banna to Bin Laden, Princeton University Press, Princeton, 2021.

Frisch, Hillel: „Hamas: The Palestinian Muslim Brotherhood“, in: Rubin, B. (Hrsg.): The Muslim Brotherhood: The Middle East in Focus, Palgrave Macmillan, New York, 2010.

Handle, Julia/Korn, Judy/Mücke, Thomas/Walkenhorst, Dennis: Rückkehrer*innen aus den Kriegsgebieten in Syrien und im Irak, Schriftenreihe Heft 1, Violence Prevention Network, September 2019, https://violence-prevention-network.de/wp-content/uploads/2019/09/Violence-Prevention-Network_Schriftenreihe_Heft_1_Rueckkehr-2.pdf [abgerufen am 09.06.2023].

Hessisches Ministerium des Innern und für Sport: Verfassungsschutz in Hessen: Bericht 2020, Wiesbaden 2021.

Hessisches Ministerium des Innern und für Sport: Verfassungsschutz in Hessen: Bericht 2021, Wiesbaden 2022.

IGMG Webseite: IGMG.org [abgerufen am 10.09.2022].

Institute for Economics & Peace: Global Terrorism Index 2018: Measuring the Impact of Terrorism, November 2018, Sydney, https://www.visionofhumanity.org/wp-content/uploads/2020/10/Global-Terrorism-Index-2018.pdf [abgerufen am 30.12.2022].

Institute for Economics & Peace: Global Terrorism Index 2019: Measuring the Impact of Terrorism, November 2019, Sydney, https://www.visionofhumanity.org/wp-content/uploads/2020/11/GTI-2019-web.pdf [abgerufen am 30.12.2022].

Intelligence and Security Committee: Could 7/7 Have Been Prevented? Review of the Intelligence on the London Terrorist Attacks on 7 July 2005, Mai 2009, https://irp.fas.org/world/uk/july7review.pdf [abgerufen am 31.10.2022].

Keddie, Nikki R.: Sayyid Jamal Ad-Din „Al-Afghani" – A Political Biography, University of California, Los Angeles, 1972.

Krämer, Gudrun: Der Architekt des Islamismus: Hassan al-Banna und die Muslimbrüder, C.H. Beck, München, 2022.

Lacy, Robert: Inside the Kingdom: Kings, Clerics, Modernists, Terrorists and the Struggle for Saudi Arabia, Arrow, London, 2010.

Landtag Nordrhein-Westfahlen: Schlussbericht Des Parlamentarischen Untersuchungsausschusses I („Fall Amri"), Drucksache 17/16890, Datum des Originals: 24.03.2022/Ausgegeben: 01.04.2022, https://www.landtag.nrw.de/Dokumentenservice/portal/WWW/dokumentenarchiv/Dokument/MMD17-16890.pdf;jsessionid=9C8F44A364A2349C36CFDBF6EA4A20F4 [abgerufen am 09.05.2022].

Lang, Isabel: „Der digitale Raum als Ort der religiös begründeten Radikalisierung – und als Chance für die Prävention", in: Der Kriminalist, Ausgabe Januar/Februar 2022.

Lia, Bryanjar: Architect of Global Jihad: The Life of Al-Qaeda Strategist Abu Mus'ab Al-Suri, Oxford University Press, Oxford, 2009.

Martínez Solana, Maria Yolanda/Manchón Campillo, Felipe: Los atentados del 11M. Cuatro días que cambiaron la historia de España, Ediciones Complutense, Madrid, 2022.

Meddeb, Abdelwahhab/Stora, Benjamin (Hrsg.): A History of Jewish-Muslim Relations – from the Origins to the Present Day, Princeton University Press and Oxford, Oxfordshire, 2013.

Meining, Stefan: Eine Moschee in Deutschland. Nazis, Geheimdienste und der Aufstieg des politischen Islam im Westen, C. H. Beck, München, 2011.

Munir, Muhammad: „Suicide Attacks and Islamic Law“, in: International Review of the Red Cross, Vol. 90, Nr. 869, März 2008.

Musharbash, Yassin: „Neues Drohvideo gegen Deutschland und Österreich“, in: Der Spiegel, 20.11.2007.

Ohne Autorenangabe, 2. Februar 1982: Das Massaker von Hama in Syrien, in: bpb, 01.02.2017.

Pantucci, Raffaello: „We Love Death as You Love Life“, Britain's Suburban Terrorists, Hurst & Company, London, 2015.

Parachini, John V.: „The World Trade Center Bombers (1993)“, in: Jonathan B. Tucker (Hrsg.), Toxic Terror: Assessing Terrorist Use of Chemical and Biological Weapons, The MIT Press, USA, 25.02.2000, https://www.nonproliferation.org/wp-content/uploads/2016/05/world_trade_center_bombers.pdf [abgerufen am 28.12.2022].

Paret, Rudi: Der Koran, Verlag W. Kohlhammer GmbH, Stuttgart, 2004.

Reinares, Fernando: „¡Matadlos!: Quién estuvo detrás del 11-M y por qué se atentó en España“, Galaxia Gutenberg, Barcelona, 2014.

Reinares, Fernando: 11-M – la venganza de Al Qaeda, Galaxia Gutenberg S. L., Barcelona, 2021.

Reuter, Christoph: Maryam A.: Mein Leben im Kalifat – Eine deutsche IS-Aussteigerin erzählt, Spiegel Buchverlag, Hamburg, 2017.

Rohe, Matthias: Das islamische Recht, Geschichte und Gegenwart, C.H. Beck, München, 2009.

Rosenbach, Marcel/Stark, Holger: „Der Hass des Abdullah“, in: Der Spiegel, Nr. 36, 2008, S. 44–50, https://magazin.spiegel.de/EpubDelivery/spiegel/pdf/59673675 [abgerufen am 27.03.2023].

Said, Behnam T.: Hymnen des Jihads – Naschids im Kontext jihadistischer Mobilisierung, Ergon Verlag, Würzburg, 2016.

Saleh, Waleed: Feminismo e islam – Una ecuación imposible, El Paseo, Madrid, 2022.

Schamil Abadha, Huda: Al-Nuqraschi, Dar asch-Schuruq, Kairo, 2007.

Speckhard, Anne/Akhmedova, Khapta: „Black Widows: The Chechen Female Suicide Terrorists“, in: Institute for National Security Studies, https://www.inss.org.il/wp-content/uploads/2017/08/Female-Suicide-Bombers-63-80.pdf [abgerufen am 04.07.2022].

Steinberg, Guido: Der nahe und der ferne Feind. Die Netzwerke des islamistischen Terrorismus, C.H. Beck, München, 2005.

Steinberg, Guido: German Jihad – On the Internationalization of Islamist Terrorism, Columbia Studies in Terrorism and Irregular Warfare, Columbia University Press, New York, 2013.

Steinberg, Guido: Kalifat des Schreckens. IS und die Bedrohung durch den islamistischen Terror, Knaur-Taschenbuch, München, 2015.

Steinberg, Guido: „Die „Takfiristen“: Eine salafistisch-jihadistische Teilströmung gewinnt an Bedeutung“, in: SWP-Aktuell, Nr. 9, Januar 2021, https://www.swp-berlin.org/publikation/jihadismus-die-takfiristen [abgerufen am 08.06.2023].

Steinberg, Guido: „Islamistischer Terrorismus in Europa – Dschihadismus in Österreich“, in: KAS, Berlin, 2021, https://www.kas.de/documents/252038/11055681/Jihadist+Terrorism+in+Europe.+Jihadism+in+Austria.pdf/5c694e36-b9c6-1179-99a2-d13b5e67f827?version=1.3&t=1632322488660 [abgerufen am 30.03.2023].

Steinberg, Guido/Seuß, Rita: „Al-Qaidas deutsche Kämpfer: Die Globalisierung des islamistischen Terrorismus“, Edition Körber-Stiftung, 2014.

Stracke, Nicole: „Al-Qaida Organization in Yemen“, in: KAS International Reports, 8/2010, https://www.kas.de/documents/252038/253252/7_dokument_dok_pdf_20261_1.pdf/66aad4c1-0c5a-d8d4-cef2-76724d585c88?version=1.0&t=1539660837301 [abgerufen am 08.06.2023].

The 9/11 Commission Report, 22.07.2003, https://9-11commission.gov/report/911Report.pdf [abgerufen am 28.12.2022].

Trofimov, Yaroslav: The Siege of Mecca: the 1979 Uprising at Islam's Holiest Shrine, New York, Anchor Books (Random House Inc.), 18.09.2007.

Ulrich, Volker: „Der Anschlag am Berliner Breitscheidplatz“, in: Politische Studien, Jg. 72, Nr. 497, Hans-Seidel Stiftung, 2021, https://www.hss.de/download/publications/PS_497_BUNDESTAGSWAHL_2021_08_Ullrich.pdf [abgerufen am 31.03.2023].

Wagemakers, Joas: A quietist Jihadi – Abu Muhammad al-Maqdisi, Cambridge University Press, Cambridge, 2012.

Wiktorowicz, Quintan: „Anatomy of the Salafi Movement“, in: Studies in Conflict & Terrorism, 29:3, 2006.

Ziolkowski, Britt: „Die Aktivistinnen der Ḥamās: Zur Rolle der Frauen in einer islamistischen Bewegung“, De Gruyter, Berlin, Boston, 2020.

Online-Quellen

Abgeordnetenhaus Berlin: Bericht des 1. Untersuchungsausschusses des Abgeordnetenhauses von Berlin – 18. Wahlperiode – zur Untersuchung des Ermittlungsvorgehens im Zusammenhang mit dem Terroranschlag am Breitscheidplatz am 19. Dezember 2016, Drucksache 18/4000, https://www.parlament-berlin.de/ados/18/IIIPlen/vorgang/d18-4000.pdf [abgerufen am 26.04.2023].

Akademie des Violence Prevention Networks: www.vpn-akademie.de [abgerufen am 24.04.2023].

BAG RelEx: https://www.bag-relex.de [abgerufen am 24.04.2023].

Baron, Hanna: „Die Hizb ut-Tahrir in Deutschland: Herausforderung und Ansätze der Präventionsarbeit", Datum: 21.04.2021, in: bpb, https://www.bpb.de/themen/infodienst/329054/die-hizb-ut-tahrir-in-deutschland/ [abgerufen am 10.09.2022].

Beau, Nicolas: „Attentat de Berlin, polémique en Allemagne sur l'aide des services marocains", in: MONDAFRIQUE, 02.02.2017, https://mondafrique.com/attentat-de-berlin-marocains-avaient-prevenu-bnd-allemand/ [abgerufen am 19.02.2023].

Bergmann, Christoph: „Die größte Beschlagnahmung von Kryptowährungen im Kontext des Terrors", 17.08.2020, in: Bitcoin Blog, https://bitcoinblog.de/2020/08/17/die-groesste-beschlagnahmung-von-kryptowaehrungen-im-kontext-des-terrors/ [abgerufen am 05.02.2023].

Böge, Friederike: „Terror im Diplomatenviertel", in: FAZ, 31.05.2017, https://www.faz.net/aktuell/politik/ausland/terror-in-kabul-war-die-deutsche-botschaft-das-ziel-15041233.html?printPagedArticle=true#pageIndex_2 [abgerufen am 25.03.2023].

Bundesamt für Verfassungsschutz: Islamistisches Personenpotenzial, 2023, https://www.verfassungsschutz.de/DE/themen/islamismus-und-islamistischer-terrorismus/zahlen-und-fakten/zahlen-und-fakten_node.html [abgerufen am 03.06.2023].

Bundesamt für Verfassungsschutz, Drei Spendensammelvereine wegen Terrorfinanzierung verboten, ohne Datum, https://www.verfassungsschutz.de/SharedDocs/kurzmeldungen/DE/2021/2021-05-19-verbot-wkp.html#:~:text=Mit%20Urteil%20vom%2016.%20November%202015%20best%C3%A4tigte%20das,%281%20BvR%20385%2F16%29.%20Vereinsverbote%20sind%20Mittel%20des%20Gefahrenabwehrrechts [abgerufen am 12.06.2023].

Bundeskriminalamt: Abteilung „Islamistisch motivierter Terrorismus/Extremismus (TE)“, ohne Datum, https://www.bka.de/DE/DasBKA/OrganisationAufbau/Fachabteilungen/IslamistischmotivierterTerrorismusExtremismus/IslamistischmotivierterTerrorismusExtremismus_node.html [abgerufen am 30.12.2022].

Bundeskriminalamt: Presseinformation: Neues Instrument zur Risikobewertung von potentiellen Gewaltstraftätern. RADAR-iTE (regelbasierte Analyse potentiell destruktiver Täter zur Einschätzung des akuten Risikos – islamistischer Terrorismus, 02.02.2017, https://www.bka.de/DE/Presse/Listenseite_Pressemitteilungen/2017/Presse2017/170202_Radar.html [abgerufen am 26.04.2023].

Bundeskriminalamt: RADAR (Regelbasierte Analyse potentiell destruktiver Täter zur Einschätzung des akuten Risikos), https://www.bka.de/DE/UnsereAufgaben/Deliktsbereiche/PMK/Radar/radar_node.html [abgerufen am 30.12.2022].

Bundesministerium des Innern und für Heimat: Islam in Deutschland, 2015, https://www.bmi.bund.de/DE/themen/heimat-integration/staat-und-religion/islam-in-deutschland/islam-in-deutschland-node.html [abgerufen am 13.03.2022].

Bundeszentrale für politische Bildung: Radikalisierungsprävention Islamismus: Islamismusprävention in Deutschland, ohne Datum, https://www.bpb.de/themen/infodienst/285406/islamismuspraevention-in-deutschland/ [abgerufen am 18.02.2023].

Bundeszentrale für politische Bildung, 2. Februar 1982: Das Massaker von Hama in Syrien, 01.02.2017, https://www.bpb.de/kurz-knapp/hintergrund-aktuell/241689/2-februar-1982-das-massaker-von-hama-in-syrien/ [abgerufen am 16.06.2023].

Bundeszentrale für politische Bildung: Vor fünf Jahren: Islamistischer Anschlag auf Berliner Weihnachtsmarkt, 14.12.2021, htps://www.bpb.de/kurz-knapp/hintergrund-aktuell/344771/vor-fuenf-jahren-islamistischer-anschlag-auf-berliner-weihnachtsmarkt/ [abgerufen am 26.04.2023].

Burke, Jason: „Pressure builds on Sri Lankan officials as Isis claims Easter attacks“, in: The Guardian, 24.04.2019, https://www.theguardian.com/world/2019/apr/23/pressure-builds-on-sri-lankan-officials-as-isis-claims-easter-attacks [abgerufen am 25.02.2023].

Decker, Markus: „Zwölfjähriger soll Bombe gebaut haben“, in: FR, 16.12.2016, https://www.fr.de/politik/zwoelfjaehriger-soll-bombe-gebaut-haben-11073638.html [abgerufen am 25.02.2023].

Dettmer, Jamie: „IS Orders Aspiring Terrorists: Wear a Cross, Shave Beards", in: VOA News, 12.01.2016, IS Orders Aspiring Terrorists: Wear a Cross, Shave Beards (voanews.com) [abgerufen am 31.02.2023].

Die Presse: Sahara-Geiseln: Entführer wollen Wiener Terror-Paar freipressen, 01.04.2008, https://www.diepresse.com/373593/sahara-geiseln-entfuehrer-wollen-wiener-terror-paar-freipressen [abgerufen am 16.06.2023].

Die Presse: Blick zurück: Das neue Leben der Mona S., 19.07.2011, https://www.diepresse.com/671230/blick-zurueck-das-neue-leben-der-mona-s [abgerufen am 30.03.2021].

Dotmsr: „Jew Asking for Directions in Egypt", in: Youtube, 2015, https://www.youtube.com/watch?v=pSIYvnPhovE [abgerufen am 12.06.2023].

Exner, Ulrich: „Sie saß oft alleine auf der Treppe und sagte nichts", in: Der Spiegel, 04.03.2016, https://www.welt.de/politik/deutschland/article152959430/Sie-sass-oft-alleine-auf-der-Treppe-und-sagte-nichts.html [abgerufen am 31.03.2023].

Faz.net: „Anschlag auf Sikh-Tempel: Dritter Verdächtiger in Gewahrsam", 22.04.2016, https://www.faz.net/aktuell/politik/kampf-gegen-den-terror/anschlag-in-essen-auf-sikh-tempel-mit-weiterer-festnahme-14192883.html [abgerufen am 18.02.2023].

Faz.net: „Nach Anschlag in Berlin: IS reklamiert Attacke auf Weihnachtsmarkt für sich", 20.12.2016, https://www.faz.net/aktuell/politik/nach-anschlag-in-berlin-is-reklamiert-attentat-fuer-sich-14585337.html [abgerufen am 18.02.2023].

Focus.de: „Noch wenige Wochen vor dem Anschlag: Anis A. war Thema bei Sitzung des Terrorabwehrzentrums", 21.12.2016, https://www.focus.de/politik/deutschland/noch-wenige-wochen-vor-anschlag-anis-a-war-thema-bei-sitzung-des-terrorabwehrzentrums_id_6388321.html [abgerufen am 18.02.2023].

Fouad, Hazim: „Islamismusprävention aus Sicht der Sicherheitsbehörden", in: KAS, ohne Datum, https://www.kas.de/de/web/extremismus/islamismus/islamismuspraevention-aus-sicht-der-sicherheitsbehoerden [abgerufen am 18.02.2023].

Glaus, Daniel: „Deutscher Dschihadist drehte Taliban-Geiselvideo", in: Die Welt, 12.05.2012, https://www.welt.de/politik/deutschland/article106297780/Deutscher-Dschihadist-drehte-Taliban-Geiselvideo.html [abgerufen am 27.03.2023].

Gohel, Sajjan M.: „Germany Increasingly a Center for Terrorism in Europe", in: CTC Sentinel, August 2011, Vol. 4, Nr. 8, Germany Increasingly a Center for

Terrorism in Europe – Combating Terrorism Center at West Point [abgerufen am 29.03.2023].

Graefe, Nils: „Lorek und Lasotta wettern gegen Ditib", 10.05.2015, in: ZVW, https://www.zvw.de/lokales/waiblingen/lorek-und-lasotta-wettern-gegen-ditib_arid-84991 [abgerufen am 10.09.2022].

HAYAT Deutschland Webseite: hayat-deutschland.de [abgerufen am 24.04.2023].

Hempel, Klaus: „Bundesgerichtshof: Neues Urteil zur Scharia-Polizei", in: Tagesschau, 11.01.2018, https://www.tagesschau.de/inland/scharia-polizei-107.html [abgerufen am 30.10.2022].

Herrmann, Sigrid: „Urteil Bilal Gümüs", in: Islamismus und Gesellschaft, Wordpress, 07.12.2018, https://vunv1863.wordpress.com/2018/12/07/urteil-bilal-guemues/ [abgerufen am 05.06.2023].

Hessisches Ministerium des Innern und für Sport: Pressemitteilung: Studium: Studiengang Cyberkriminalistik startet, 19.02.2021, https://hessen.de/Presse/Studiengang-Cyberkriminalistik-startet [abgerufen am 17.12.2022].

Hooper, John: „The Shy, Caring, Deadly Fanatic – Double Life of Suicide Pilot", in: The Guardian, 23.09.2001, https://www.theguardian.com/world/2001/sep/23/september11.education [abgerufen am 27.01.2023].

Hufelschulte, Josef/Spilcker, Axel: „TERROR-Plötzlich wie ausgewechselt", in: FOCUS Magazin, Nr. 17, 10.09.2015, https://www.focus.de/politik/deutschland/ploetzlich-wie-ausgewechselt-terror_id_2252578.html [abgerufen am 27.03.2023].

Hummel, Uli: „Attempted Train Bombings", in: Deutsche Welle, 22.10.2006, https://www.dw.com/en/suspects-in-attempted-bombings-face-prison-for-life/a-2206487 [abgerufen am 02.03.2023].

Jansen, Frank: „Islamistischer Terrorist aus Deutschland: Yassin Chouka offenbar tot", in: Tagesspiegel, 11.04.2015, https://www.tagesspiegel.de/politik/yassin-chouka-offenbar-tot-3620110.html [abgerufen am 27.03.2023].

Jocelyn, Thomas: „The Al Qaeda-Iran Connection", in: The Weekly Standard, Foundation for Defense of Democracies, 08.08.2018, https://www.fdd.org/analysis/2018/08/08/the-al-qaeda-iran-connection/ [abgerufen am 11.01.2023].

Kais, Roi: „An Inside Look at the Women of Hezbollah", in: Ynet News, 26.07.2013, https://www.ynetnews.com/articles/0,7340,L-4410031,00.html [abgerufen am 05.07.2022].

Knipp, Kersten: „Hinter dem Schleier – und davor", in: Deutsche Welle, 10.01.2016, https://www.dw.com/de/hinter-dem-schleier-und-davor/a-18967938 [abgerufen am 05.06.2023].

KNIX: „Kompetenznetzwerk „Islamistischer Extremismus"", https://kn-ix.de/?doing_wp_cron=1682328751.0836050510406494140625 [abgerufen am 09.06.2023].

Kupfer, Olaf: „Gesicht der Scharia-Polizei: Sven Lau: Einmal Hassprediger und zurück", in: WZ, 12.12.2019, https://www.wz.de/politik/wuppertaler-scharia-polizei-sven-lau-einmal-hassprediger-und-zurueck_aid-47793923 [abgerufen am 30.10.2022].

Leonhard, Ralf: „Terrorprozess in Österreich: Vier Jahre Haft für Islamisten", in: Taz, 13.03.2008, https://taz.de/Terror-Prozess-in-Oesterreich/!5185166/ [abgerufen am 16.06.2023].

Logvinov, Michail: „Radikalisierungsprozesse", in: KAS, ohne Datum, https://www.kas.de/de/web/extremismus/islamismus/radikalisierungsprozesse [abgerufen am 18.02.2023].

Majic, Danijel: „Rückschlag für die Missionierung", in: FR, 15.03.2018 (aktualisiert 05.01.2019), https://www.fr.de/rhein-main/rueckschlag-missionierung-10991275.html [abgerufen am 13.11.2022].

Mascolo, Georg: „Anschlag in Berlin: IS drängte Amri zu Anschlag auf Berliner Weihnachtsmarkt", in: Süddeutsche Zeitung, 31.05.2017, https://www.sueddeutsche.de/politik/anschlag-in-berlin-is-draengte-amri-zu-anschlag-auf-berliner-weihnachtsmarkt-1.3530086 [abgerufen am 18.02.2023].

Mcdermott, Terry: „A Perfect Soldier", in: Los Angeles Times, 27.01.2002, https://www.latimes.com/archives/la-xpm-2002-jan-27-mn-25005-story.html [abgerufen am 27.01.2023].

Mekhennet, Souad: „Frankfurt Attack Mystifies Suspect's Family", in: New York Times, 08.03.2011, https://www.nytimes.com/2011/03/09/world/europe/09frankfurt.html [abgerufen am 29.03.2023].

Milcent, Blandine: „Ermittlungen nach dem Terror: Der Student, der nie lächelte", in: Der Tagesspiegel, 27.09.2001, https://www.tagesspiegel.de/politik/ermittlungen-nach-dem-terror-der-student-der-nie-lachelte-836920.html [abgerufen am 31.01.2023].

Ministerium des Innern des Landes Nordrhein-Westfalen: Kalifatsstaat (Hilafet Devleti), 2017, https://www.im.nrw/kalifatsstaat-hilafet-devleti [abgerufen am 20.11.2022].

Neveling, Tomma: „Breitscheidplatz-Attentat – Was sich seit dem Terroranschlag geändert hat“, in: Mediendienst Integration, 10.12.2021, https://mediendienst-integration.de/artikel/was-sich-seit-dem-terroranschlag-geaendert-hat.html [abgerufen am 30.12.2022].

ntv: „Gescheiterter Kofferbomber, Studienversager mit Psycho-Krise“, 09.12.2008, https://www.n-tv.de/politik/dossier/Studienversager-mit-Psycho-Krise-article40577.html [abgerufen am 01.03.2023].

Ohne Autorenangabe: „Terror-Prozess in Österreich: Vier Jahre Haft für Islamisten“, in: Der Spiegel, 13.03.2008, https://taz.de/Terror-Prozess-in-Oesterreich/!5185166/ [abgerufen am 30.03.2023].

Ohne Autorenangabe: „Sahara-Geiseln: Entführer wollen Wiener Terror-Paar freipressen“, in: Die Presse, 31.03.2008, https://www.diepresse.com/373593/sahara-geiseln-entfuehrer-wollen-wiener-terror-paar-freipressen [abgerufen am 30.03.2023].

Ohne Autorenangabe: „Auf den Spuren von Arid Ukra“, in: Stern, 04.03.2011, https://www.stern.de/panorama/verbrechen/attentat-auf-us-soldaten-am-frankfurter-flughafen-auf-den-spuren-von-arid-ukra-3670450.html [abgerufen am 29.03.2023].

Ohne Autorenangabe: „Illegaler Waffenbesitz: Anklage gegen Berliner Rapper Deso Dogg“, in: Berliner Morgenpost, 17.04.2011, https://www.morgenpost.de/berlin-aktuell/article104929014/Anklage-gegen-Berliner-Rapper-Deso-Dogg.html [abgerufen am 31.03.2023].

Ohne Autorenangabe: „Flughafen-Attentäter gesteht Anschlag“, in: Der Spiegel, 31.08.2011, https://www.spiegel.de/politik/deutschland/tote-us-soldaten-flughafen-attentaeter-gesteht-anschlag-a-783673.html [abgerufen am 29.03.2023].

Ohne Autorenangabe: „Deutsche Dschihadistin: Von Hamburg zum IS und wieder zurück“, in: Der Spiegel, 15.04.2019, https://www.spiegel.de/politik/deutschland/islamischer-staat-is-der-fall-omaima-a-aus-hamburg-a-1263019.html [abgerufen am 31.03.2023].

Ohne Autorenangabe: „Mecca 1979: The Mosque Siege that Changed the Course of Saudi History“, in: BBC NEWS, 27.12.2019, https://www.bbc.com/news/stories-50852379 [abgerufen am 27.10.2022].

Ohne Autorenangabe: „Ehemaliger Chef über Terrorpilot Mohammed Atta: „Kaum einer hat so gut gezeichnet“, in: RND, 10.09.2021, https://www.rnd.de/panorama/ehemaliger-chef-ueber-terrorpilot-mohammed-atta-kaum-einer-hat-so-gut-gezeichnet-HFDG6E5VWNGAJCHOQUPR4HE2NY.html [abgerufen am 27.01.2023].

Ohne Autorenangabe: „Iraner sollen Anschlag geplant haben – Festnahmen nach Tipp aus dem USA", in: NAU, 09.01.2023, www.nau.ch, https://www.nau.ch/news/europa/iraner-sollen-anschlag-geplant-haben-festnahmen-nach-tipp-aus-usa-66388507 [abgerufen am 15.01.2023].

Ohne Autorenangabe: „Entscheidung des Bundesgerichtshofs: Strafe für IS-Rückkehrerin Jennifer W. muss neu verhandelt werden", in: Der Spiegel, 09.03.2023, https://www.spiegel.de/panorama/justiz/bundesgerichtshof-strafe-fuer-is-rueckkehrerin-jennifer-w-muss-neu-verhandelt-werden-a-21b3696e-1f78-47f7-94e7-cf091ad71381 [abgerufen am 31.03.2023].

Pfahl-Traughber, Armin: „Islamismus – Was ist das überhaupt? Definitionen – Merkmale – Zuordnungen", in: bpb, 09.09.2011, https://www.bpb.de/themen/islamismus/dossier-islamismus/36339/islamismus-was-ist-das-ueberhaupt/?p=1 [abgerufen am 13.03.2022].

Real Stories: „ISIS Women unveiled" (Terrorism Documentary), in: Youtube, 14.07.2016, https://www.youtube.com/watch?v=ZTq-AEB_3RM [abgerufen am 20.06.2022].

Reuters: Zeuge: mutmaßlicher Kofferbomber sympathisierte mit Al Kaida, 26.02.2008, https://www.reuters.com/article/deutschland-prozesse-kofferbomber-idDEHUM65869720080226 [abgerufen am 01.03.2023].

Reuters: Charlie Hebdo shooter says financed by Qaeda preacher in Yemen, 09.01.2015, https://www.reuters.com/article/us-france-shooting-yemen-finance-idUSKBN0KI1Y320150109 [abgerufen am 28.12.2022].

Schneider, Richard: „Toxische Koran-Übersetzungen? 23.000 Exemplare beschlagnahmt und seit Jahren eingelagert", in: Das Übersetzerportal, 12.11.2022, https://uepo.de/2022/11/12/toxische-koran-uebersetzungen-23-000-exemplare-beschlagnahmt-und-seit-jahren-eingelagert/ [abgerufen am 05.06.2023].

Senatsverwaltung für Inneres, Digitalisierung und Sport: Innensenator übergibt Berliner Anti-Terrorzentrum an die Polizei Berlin, 19.07.2021, https://www.berlin.de/sen/inneres/presse/pressemitteilungen/2021/pressemitteilung.1107238.php [abgerufen am 30.12.2022].

Sommer, Helene: „Dokumentation über Seyran Ateş – „Warum wollt ihr mich töten?"", in: Humanistischer Pressedienst, 10.11.2021, https://hpd.de/artikel/warum-wollt-ihr-mich-toeten-19860 [abgerufen am 02.06.2023].

Spiegel online: Islamisten in Wuppertal: Gericht spricht Scharia-Polizei schuldig, 27.05.2019, https://www.spiegel.de/politik/deutschland/wuppertal-gericht-spricht-scharia-polizei-schuldig-a-1269527.html [abgerufen am 30.10.2022].

Spiegel Panorama: „Der letzte Wille von Mohammed Atta", 01.10.2006, https://www.spiegel.de/panorama/video-premiere-der-letzte-wille-von-mohammed-atta-a-440208.html [abgerufen am 27.01.2023].

Tagesschau: Antisemitismus in zwei Sätzen: Bundesregierung nimmt Definition an, 24.11.2020, https://www.tagesschau.de/inland/antisemitismus-definition-101.html [abgerufen am 03.06.2022].

The British Museum: „Closing the Door: the Last Jews of Cairo", in: Youtube, Sammler und Jäger Filmproduktion GmbH, 2016, https://www.youtube.com/watch?v=Rsu4kwbx6PU [abgerufen am 12.06.2023].

Titz, Christoph: „Professor von 9/11-Attentäter – Zufällig Lehrer des Massenmörders", in: Der Spiegel, 22.08.2011, https://www.spiegel.de/lebenundlernen/uni/professor-von-9-11-attentaeter-zufaellig-lehrer-des-massenmoerders-a-779991.html [abgerufen am 27.01.2023].

Ufuq.de: https://www.ufuq.de [abgerufen am 24.04.2023].

US Department of Justice: „American Woman Who Led ISIS Battalion Pleads Guilty", in: Justice News, 07.06.2022, https://www.justice.gov/opa/pr/american-woman-who-led-isis-battalion-pleads-guilty [abgerufen am 05.07.2022].

Violence Prevention Network: Publikationen, https://violence-prevention-network.de/ueber-uns/publikationen/ [abgerufen am 24.04.2023].

Violence Prevention Network: Über uns, https://violence-prevention-network.de [abgerufen am 24.04.2023].

Violence Prevention Network Akademie: VPN Akademie, https://www.vpn-akademie.de [abgerufen am 24.04.2023].

Vonderhaar, Lora: „ISIS's Female Morality Police", in: Georgetown Security Studies Review, 13.05.2021, https://georgetownsecuritystudiesreview.org/2021/05/13/isiss-female-morality-police/ [abgerufen am 05.07.2022].

Warrick, Joby: „The 'app of choice' for jihadists: ISIS seizes on Internet tool to promote terror", in: The Washington Post, 23.12.2016, https://www.washingtonpost.com/world/national-security/the-app-of-choice-for-jihadists-isis-seizes-on-internet-tool-to-promote-terror/2016/12/23/a8c348c0-c861-11e6-85b5-76616a33048d_story.html [abgerufen am 18.02.2023].

Wdr.de: 4. März 2010 – Urteil gegen islamistische Sauerland-Gruppe, Stand 04.03.2020, https://www1.wdr.de/stichtag/stichtag-urteil-sauerland-gruppe-100.html [abgerufen am 27.03.2023].

Wdr.de: Prozess ging nach fast einem Jahr zu Ende: Lebenslange Haft für „Kofferbomber", 09.11.2008, https://www1.wdr.de/archiv/kofferbomber/kofferbomber106.html [abgerufen am 01.03.2023].

WELT: Nach Erschießung in Mailand: IS veröffentlicht Video von Anis Amri, 23.12.2016, https://www.welt.de/politik/deutschland/article160562508/IS-veroeffentlicht-Video-von-Anis-Amri.html [abgerufen am 04.06.2023].

WELT: Amris Selfie vor der Tat. „Ich bin jetzt im Auto: Bete für mich“, 29.12.2016, https://www.welt.de/politik/deutschland/article160674548/Ich-bin-jetzt-im-Auto-bete-fuer-mich.html [abgerufen am 18.02.2023].

Wood, Paul: „Islamic State: Yazidi Woman Tell of Sex-Slavery Trauma“, in: BBC, 22.12.2014, https://www.bbc.com/news/world-middle-east-30573385 [abgerufen am 12.06.2023].

Wikipedia: „2011 Frankfurt Airport shooting“, https://en.wikipedia.org/wiki/2011_Frankfurt_Airport_shooting#Perpetrato [abgerufen am 08.06.2023].

Wikipedia: „Arid Uka“, https://de.wikipedia.org/wiki/Arid_Uka [abgerufen am 08.06.2023].

Wittrock, Philipp: „Vom Nesthäkchen zum Kofferbomber“, in: Der Spiegel, 29.10.2008, https://www.spiegel.de/politik/deutschland/terrorprozess-vom-nesthaekchen-zum-kofferbomber-a-586835.html [abgerufen am 01.03.2023].

ZEIT: Islamverband Ditib: 350 Imame durften im vergangenen Jahr einreisen, 25.04.2018, https://www.zeit.de/gesellschaft/zeitgeschehen/2018-04/ditib-imame-arbeitsvisa-einreise [abgerufen am 10.09.2022].

Stichwortverzeichnis

B

C

D

P

Q

R

S